我只想和你谈谈人生

程小飞 著

目录

有一种默契叫"我懂" 序

文/王韶辉

1

说实话，没有为谁写过序，有点无从下手，但真的也为小飞高兴。在他软磨硬泡之下只好勉为其难，但真不知道该怎么写既能保持姿态还不失格调。

时间真不禁过，认识小飞已经六年，初识的情景还历历在目。没记错的话，那应该是 2010 年夏天，我们相识在摄影师娟子的影棚，当时我还在《时装 L'OFFICIEL》担任副主编，当天要拍摄刚刚蹿红的姚晨的封面。

当我知晓小飞是编辑约来采访姚晨的作者，就主动过去和他打招呼，那时候他还很腼腆，没有太多场面上的话，打了个招呼就各自忙碌去了，虽然没有太多交流，但他这个内向、略显稚嫩的文艺小青年却让我记住了。

杂志上市，文章写得精彩，姚晨本人对文章也是赞不绝口，后来我才知道这是小飞第一次写时尚杂志的封面人物，《时装 L'OFFICIEL》作为法国版权合作大刊，对于合作伙伴有非常高的要求，所以编辑当时选小飞来采访堪称一次尝试和冒险。而小飞则格外用心，认真准备，手写了满满四页纸的采访提纲，来应对他的"大刊处女采访秀"。

后来小飞就基本成为了《时装男士 L'OFFICIEL HOMMES》和《时装 L'OFFICIEL》的御用作者，由此缘分又持续撰写了很多炙手可热的明星、名人和艺术家。本书中自会看到小飞妙笔下的众星百态。

在2014年，各种偶然，小飞加入《时装男士 L'OFFICIEL HOMMES》担任专题总监，我们成了同事。此时的小飞已经羽翼丰满，今非昔比，几年的磨砺，无论是人脉还是文字能力和组织能力各方面都可谓游刃有余。

也许就是一种默契，小飞对于文字风格及专题定位的想法，恰好和我对于杂志的定位不谋而合，所以对于他策划的人物及专题我尽可能地给予足够的空间和信任。

在小飞担任专题总监的一年里，他带着团队操作做了几个成功的大专题，从畅销书、民谣、诗歌节做到音乐剧话题。让《时装男士 L'OFFICIEL HOMMES》的人物和专题版块呈现出一种清新、自省的文艺味道。当下有些人认为"文艺"是一个贬义词，其实我觉得在一个物欲泛滥的时代还能胸怀"诗与远方"也是一种难得的情怀。

在 2015 年的一天，也是小飞《时装男士 L'OFFICIEL HOMMES》入职一年的时间点上。他突然来到我的办公室，貌似漫不经心地说道："主编，我打算辞职了。"

辞职的诱因是他要选择在另一个城市生活，也许是为了一种理想的生活状态，也许是为了一段难以割舍的感情，无奈之下只能辞职。我当时真的有些诧异，但我还是尊重小飞就把他们当成普通人。这一点很重要，因为采访者首先代表媒体，其次才是自己。姿态不同，写出来的文字走向肯定也不同。

小飞并不苛求真正"看透"一个人，何况通过一个采访就把一个陌生人"看透"也不现实。他跟明星对话。他需要正常、清醒地思考，要利用技巧、能力去执行一个职业撰稿人必须要完成的目的。

《时装男士 L'OFFICIEL HOMMES》2016 年 2 月刊再度邀请小飞为本刊在上海采访了封面明星孙俪。

文中的一段是这样的——

闹归闹，他们在家里时很像知己，会跟对方聊理想，知道对方想做什么，并且会适时地互相鼓励。还有一个"挤牙膏"的细节，令我很感动：因为二人工作的缘故，作息时间经常对不上，因此，谁先回家，就为对方把牙膏提前挤好，这个小举动，就代表了一句"晚安"。

文字看似平淡无奇但又直指人心，小飞对待明星，就像我们每个人去了解一个新朋友的过程一样。只不过，"这个人"未必会成为他的朋友。但撰稿人和明星之间的这种微妙的关系及对话，会让明星所展现出来的样貌更为独特，更加鲜活。

最后借用蔡康永的一句话：如果只看合乎自己口味的书，那你永远只能知道你已经知道的事。 所以，有空看看小飞的《我只想和你谈谈人生》，来了解一下你不知道的事！

王韶辉

2016年3月6日

献给所有拥有梦想的人们

文／程小飞

这本书的出版纯属偶然。

几年前，就有人不断鼓励我，希望可以将我采访过的明星、名人的文字结集成册。不是不想，而是没什么信心，总觉得自己采得不够多，写得不够好、不够深。

做自由撰稿人七年，采访名单中慢慢累积出很长一串名字，熟悉的不熟悉的，非常喜欢的不那么喜欢的，他们有着不同的身份和背景——

演员，歌手，作家，编剧，诗人，舞蹈家，音乐人，主持人，经纪人，活动策划人，时装设计师，平面设计师，造型师，摄影师，艺术家，插画师，手作人，环保人士，IT 精英，品牌公关，企业老板……

有趣的人，无趣的人，高尚的人，伪善的人，高调的人，低调的人，装逼的人，认尿的人，有钱人，穷光蛋，疲于奔命的人，安于现状的人，休养生息的人，浪迹天涯的人……

他们向我展现的，是与我相似或截然不同的世界，那么辽阔，那么丰富。我羡慕他们精彩的人生，心想如果有一天自己也被采访，那该多妙啊！到时我该说些什么呢？

真的轮到为自己写点什么以及被人问话时，我开始犯难了。原来剖析自己是最难的，说别人总比说自己说得好。若是说狠话倒是容易，适度地夸夸自己却很为难，怕一不留神就落下个"自吹自擂"的嫌疑。

这本书，收集了这些年来受邀为时尚杂志所做的部分采访。不见得都是多么优秀的文字，但至少它足够真诚。因此我最终被出版社的编辑说服，拿出来献丑。只要是真心的东西，当然不怕被人看。

当然，这些文字在时间的流逝中除了渐渐显现出它作为时代记录的价值，也慢慢显露了自身的不足与贫瘠。

但我不怕它们的匮乏。

时光易逝，而文字记录了那些客观存在，即便当时有些许的迷茫、矛盾、不悦或不甘，它们也弥足珍贵。

正如我在编辑、修改这些文字时，看到的更为年轻时候的自己一样，尽管青涩、莽撞，却透着谁也不能否认的、青春的光芒，以及，那种勇往直前的劲头。

因此，这些文字，我视它们为青春的见证。这样想着，便自在坦然了许多。

时至今日，我仍不够完美、不够潇洒，但我看到了自己的进步，以及在这一系列过程中的磨砺。我比当初更专业一些、更成熟一些，也更加懂得文字的可贵。梳理过去，是为了更好的、新的开始。

当这本书摆在面前时，希望你们能同我一起，阅读那些不成熟、但是美妙的回忆。

这本书，献给所有拥有梦想、坚持梦想的人们。

"

如何保持你的激情？
我的回答是:

爱,

坚定地爱。

"

1

这一次，张柏芝出现在影棚里，一如既往地美艳、专业。

她有浓烈、复杂的过往和勇敢、幸福的当下。

她是许多人心中的女神，也是许多女性心目中独立的楷模。

但她自言不是清纯玉女，不是大明星，只是和你我一样的普通人。

这个出道 17 年的女子，在每一道时光里，都展现着最好的自己。这一次，我们通过书信的方式来和张柏芝交心，听她将自己的所思所想娓娓道来，与你分享。

2

亲爱的柏芝：

生日快乐！

今天是你 34 岁的生日，转眼已是你出道的第十七个年头，而你的面庞却似乎并未受到岁月的侵蚀，但我知道你心里已经具备了时光的重量。

现代人已经很难静下心来去写一封像样的信函，这次和你通信，让我感觉到一种平实的喜悦。时代的脚步太过匆忙，演艺圈的步调更是快上加快，我等追赶不及。有时候人们仍沉浸在你上一个新闻或者作品中，你却早已赶赴下一个片场或旅程了。

遥想当年第一次看到你，惊为天人，那张脸如同画中人，逼得人不敢直视，却又每每都要多看一眼。从《喜剧之王》的初见，再到《星愿》中被你的美彻底征服，当年的我不过是个未谙世事的中学生，而你还是带着婴儿肥的"新一代玉女"，生活还未及在你的身上和心中刻下什么。那一年，你才 18 岁。

如我这般的凡夫俗子，18 岁尚在校园里做白日梦，不晓得世事流年，只感叹岁月太慢，太多抱负无处施展；而你已经回到香港，打拼在水深火热的演艺圈。那时你获得了香港金像奖最佳新人奖，命运为你安排了如此之高的起点。

香港距离我们太过遥远，张柏芝也像仙女一般高悬在天边，一如后来你演的《蜀山传》中的孤月，如梦似幻。那时候你还不常来内地，资讯也不发达，网络也不似现在这般疯狂，所以我们都在娱乐杂志和音乐画报上搜寻你的消息。那时没有铺天盖地的八卦，没有那么多恶语中伤的评论。时代在进步，但时代也在摧毁一些纯真。内地有个作家叫木心，他说："到现代、近世，传播出版发达，坏的容易传播，好的不易流传。人类文化的悲哀，是流俗的易传、高雅的失传。"你再清楚不过这些。我们有看到你近些年来一直在不断地传播正能量，做勇敢、坚定、优雅的张柏芝。时光在你身上的沉淀，渐渐从骨子里透出，经由你的表达传递出来。我想告诉你，这些信息，我们接收到了。

近来大家都在疯传你1999年的专辑写真《任何天气》，真是太好看啦！十几年过去，那歌词根本就是你的演艺之路的写照："你根本不须担心这世间怎想你，其实我说你已经够完美……我很清楚世间终于有天欣赏你，期望你信我我总有道理。无人会这一世站原地，如若想飞更不可泄气……"

一开始，他们都说你是新一代玉女掌门人，希望你甜美、乖巧，一直这样笑就好了。他们知道观众喜欢这样的你，好比《星愿》当中的白衣天使，不可有一丝瑕疵。但是你却用沙哑的嗓音对着世人大笑："我从15岁就开始抽烟，我从来没说过自己是玉女，我也没有故意去骗人，也不介意人家怎么看我。"

你这样的个性，我怎能不喜爱？！你就是传说中天使与魔鬼的化身罢。是的，青春玉女是你，不良风波也有你；最佳女主角是你，金扫帚奖最失望女主角也是你；轰轰烈烈恋爱是你，令人心碎再次别过也是你……

出道17年，回头去看当年的自己是何样的心情？你要对当年的自己说些什么呢？

那时候我自私地以为，没有一个男子可以与你相配。生活似海，爱如潮水。你纵身前往，全力以赴，每一次都决绝而热烈。我热爱这样的张柏芝，热爱如此纵情活在当下每一个艰难缝隙中的美丽女子。

当年你与谢霆锋在一起，人们纷纷赞叹：我又相信爱情了；当你们六年的婚姻结束时，仍是那些人，落寞地感慨：再也不相信爱情。

你看，你的一举一动、一次爱情和别离，都被众人围观、点评，似乎你是一个商品，而不是一个活生生的人。他们称呼你为"女神"，而不是女人。又说既然进了娱乐圈，何必真的在乎这一切呢？

作为艺人，你所经历的是常人的许多倍，在你34年的成长中，也许已经活了许多个来回罢。

时间的河流中，许多人走散了，再也没有回来。而你，经历过情变、伤害，坦白自己做过错事，但你勇于承担，坚持相信爱，真的在感受、经历。在那些艰难的时刻过后，你又绽露出迷人的笑容，出现在人们的视野中，你登上娱乐头条和时尚杂志，坚强的姿态令人动容。这几年来，你用充满正能量的实际行动"堵住"悠悠众口，尽管风浪依旧，却也有越来越多的人站出来挺你。

当然，你也说过，是夜晚的眼泪换来了白天的笑容。所以我想问：你幸福吗？你现在还会怕吗？会担心自己的不足吗？

幸福的人有幸福的理念，不幸之人有其不幸的苦衷。但其实生活并非这样简单，不是一个"是"或者"否"便可回答一切。生活总是来得更为复杂，更加值得我们观察、了解和实践。我们一直觉得，你是生活的实践者，因此我渴望了解你的生活、故事以及你的思想。

今年初曾有网站做过一个最受娱记欢迎的艺人 Top 10 榜单，你榜上有名，你听过大家这样讲你吗？你一向是不在意外界非议的，那么对待这样的褒奖你是怎样的态度呢？

出道时即凭《星愿》获得金像奖最佳新人，后来你又因《忘不了》斩获影后桂冠，你自己最为骄傲和偏爱的创作是哪一部？最想塑造的角色又是什么呢？我们一直在等待你更为优秀的作品。

很遗憾这次因时间的关系无法面对面地交流，特书此函。希望柏芝可以照顾好自己，收获更多的幸福和快乐。期待我们下一次的相会。顺祝Lucas和Quintus健康、快乐!

Best Wishes !

程小飞

5月24日于北京

3

张柏芝的回信。

Dear小飞：

见字安！谢谢你的生日祝福！我和我的团队一起在新加坡过生日，很开心。有大家在我的身边，有我爱的两个宝贝儿子陪伴左右，一切都很值得、满足。

你问我幸福吗，我会毫不犹豫地答：我很幸福！以前我觉得幸福就是可以让人家开心，好好做我自己，做自己想要做的事，有自己的梦想……现在我理解的幸福就是得到平安、喜乐，然后有一个很安稳、安静的心。在经历过很多之后，不能简单说是看透了，但真的是明白了自己的人生追求是什么。

跟着你的心去走——这是我的座右铭。如果你有那颗心，你的人生有多不开心、多么解决不了的事情或者搞不懂的问题，也根本没什么难的。

说到"不幸"，也许有人认为自己曾经不幸。但何止是曾经？每一天、每一秒、每一个人都有不幸的时刻。因为每一个人都不是完美的，都有缺点、弱点，当他们看到不完美的一面，许会自觉不幸。我也是一个人，也有很多所谓"不幸"的事情发生在我身上，但是我可以真的很勇敢地说一句："我没有觉得自己有不幸的存在。"而由"不幸"过渡到"幸福"，我以为最大的动力是保持一颗平常心。

其实不是人想要堕落、懈怠，我可以肯定地说，每一个人都希望寻找到爱，渴望每一秒都快乐地活在被爱的世界里头。但是有些人逃避，选择堕落，很多人自己把自己变成受害者，觉得这样就会有很多人关注他、爱他，其实又回到原点——他们需要的是爱。

我自己本人一点都不会选择堕落，我也没有故意去勇敢。每个人都是很脆弱的，但有些人的脆弱是在心里头，他的身体可能很强壮，内心却很柔弱，不管是男生女生。现在许多人感觉我很勇敢，其实我根本就没有，我都很想要很女人、很被宠爱的那种感觉。但为什么会有人觉得我那么勇敢，是因为我没有逃避过。

如何保持你的激情？我的回答是：爱，坚定地爱。心里的爱很重要，想象一下，没有空气，没有呼吸，心跳就停了。爱就跟空气一样，看不见摸不到，但却是维持我们生命的重要元素。

　　而且，我没有什么害怕的。如果真的活在爱里，人是没有恐惧的。心里有喜乐，就不会有害怕。很多人觉得很难的问题，其实清清楚楚地去问自己的内心，就非常简单。

　　我不知道自己何时会离开这个世界，在我离开之前，不管有多长时间，不管我多努力，我还是不完美，这个世界上没有一个人是完美的。但我们自己可以从另外一个角度去看待，用另外一种方式让自己过得好一点、开心一点，那是我们的权利。只有你自己才是可以控制生活幸福与否的唯一的那个人。

　　对两个宝贝儿子的爱，使我更加丰富、快乐。你给孩子爱，有爱的话他们那条路自然就走很对，让他有正确的信念，就会做正确的事情。重点就是一定要保护他、爱他，给他安全感，很温暖，很安稳，他长大之后就坏不到哪里去。

时间真的很快，今年已是我出道第十七个年头。其实18岁的我根本没想过当明星或者想到会不会红、赚多少钱这些，那时只是刚从国外回到香港，然后拥有一份工作就好，很年轻，也不知道自己在干什么。以前的愿望是想当律师、医生、护士、模特儿、空中小姐啊那些，但是许多都没办法（实现），因为我学历根本就不够。而当明星的梦想根本就没有存在过。

但偏偏上天就是那么搞笑，没有奢望过的东西他就给我，结果就变成今天你们觉得我是一个大明星，不是一个平凡人。其实我跟大家都是一样的，我还是每一天都要按时起来，吃东西，去洗手间，刷牙，反正平常你们要做什么，我都要做，不过是我要化好妆，漂漂亮亮地面对所有人。张柏芝接受现在的工作，就像你接受你的工作，老板给你工资，你就要做到最好，那我也是这样子。做不好，或者是不完美，会被老板批评。你都要承受。其实大家根本就都一样。

许多人都觉得以前的张柏芝乱七八糟、飘来飘去这样子，今天可能还是会这样子，因为每一个人都有自己的想法和状态，没有接触过的人，他们不了解我，甚至会误解我。现在的我更清楚自己的内心跟眼前看到的事情，会用心去感受我下一秒钟的那条路。以前我可能小心翼翼，想要很多，为自己安排很多，但现在就会有另外一种方式感受。

关于娱记最喜爱的演员这回事其实我有听过，但没有追问为什么。因为我觉得一个人喜欢你跟不喜欢你，都是正常的，特别是娱乐圈，不可能所有人都喜欢张柏芝，他们有自己的品位、自己欣赏的角度。喜欢我，我当然很开心，不喜欢我的人，我也不会去恨他们。有些人不了解我、误解我，可能我做的东西令他们觉得好奇怪。他们不了解我是应该的。

讲义气这方面我是真的像搞笑片一样。比方说，有一百个人都受伤了，有一些比较严重，要进 ICU（特护病房），我就是要进去 ICU 的那个人。但是医生来救我，我就会说"先救他，不要管我"，那个人可能是轻伤。然后医生会跟我说"不行啊，如果现在我们不救你，你可能就没有了"，我还是会坚持"你们现在救他，如果不救他，我肯定会死啦"。可能有人会觉得我这样很笨，但我觉得有时候多付出一点，别人就得到关怀和爱，我自己又感受到快乐，那大家彼此都有正能量，我觉得很好啊，所以根本找不到不好的原因去不讲义气啦。

你问我偏爱的作品，如果我说出来，大家可能都不会相信，就是《河东狮吼2》——我拿到最烂女主角。我觉得上天给了我一份很大的礼物。在我大儿子3岁的时候，我拿到最佳女主角；在我32岁时，拿到最烂女主角。我为什么会这样讲呢？那个时候上天给我一个非常好的机会，去感恩，去重新看待、检视自己。人如果一直都是在最高点，表面上一切都好，他很开心，周围人也开心，但那种开心可能是盲目的，被外在的光芒蒙蔽了双眼。

　　"最好不一定是最好，最不好也不一定是最不好"，当拿到"最烂"的时候，我就意识到，人如果有这样感恩的机会就是一种福气。我对导演说，千万不要放弃，也不要在乎别人的眼光。

　　正常人都不会觉得这个是合理的，但对我来讲这个是非常合理的，因为当你最失败的时候，就是最成功的时候。

　　经历过这一切，现在呢，我在等待。不知道你有没有听过郑秀文的一首《不要惊动爱情》，歌词最后说："我用沉默叫醒爱情，你用期待做你反应，继续行近直至开始爱。"所以我对电影的爱，就是不想惊动电影。有很多人误解，我拿了最烂女主角，就没人找我来演戏。其实很多导演都请我拍电影，起码有十几二十部，我全都推了，剧本都不看。因为我在等待，等待一个我不再靠自己的要求去拍、一个最适合我的电影，所以我用沉默来叫醒剧本。

最后，谢谢你多年来的喜爱和支持，这是一种肯定和鼓励。因为做自己，我很快乐、幸福，希望你们也是一样。最后再重复那句话：爱是一切的原点。愿众人都拥有这份爱的信念。

Best Regards.

Yours，柏芝
5月，上海

摄影 / 武海勇（air2studio）；图片提供 /《时装》杂志

张
亮

专注于现在，做一个随遇而安的人

Focus on the current, go with the flow

"

作为一个人要有爱好,
有自己的生活和家庭,
什么年纪就该做什么样的事。

"

1

"我们路过高山，路过湖泊，路过一个女人的温暖和眼泪，路过生命中漫长的寒冷和孤独。"朴树在《旅途》中唱出了我们人生路上的幸福与忧伤。放在张亮身上，还得加一句："路过一个孩子的明亮和成长。"

31岁，张亮"终于"大红大紫，微博粉丝数超过2000万。

采访他之前，我在想，假使我不认识张亮，从来不看《爸爸去哪儿》，对时尚界T台一无所知，对他的微博粉丝量也没有概念，那么这一次我所要采访的对象将会给我什么样的答案。

我打算把他当作一个普通人来采访，聊聊家常，说说心里话，让我看看他作为一个父亲、一个努力的三十而立的男人的样子，就够了。

2

他站在酒店 22 层的落地窗前，沉默不语，北京城那不甚明朗的阳光从窗外透过来，他完美的侧面在纱帘后若隐若现。

拍照开始。瞬时，房间里的人都屏住了呼吸。

再没有比拍摄一个经验十足的模特更令编辑和摄影师感到放松的了。

3

生命的进程犹如天空流云，瞬息万变。

自认没有读书的天分，就把受教育的机会让给成绩优秀的双胞胎姐姐；做厨师，他就安安分分地学烹饪、研究菜谱，后来掌管了一个部门，那时他想的是赚钱、生存，仅此而已；做销售，确切地说是导购，他披星戴月，遭遇过几乎所有导购都曾经历的投诉和业绩压力，终于当上了店长的他在和顾客打交道中学会了察言观色，了解了世故圆滑；后来他做模特，在异国街头的大雪中一站就是两个钟头，只是为了递上一张自己的模特卡，后来他成功地走上了巴黎、米兰和纽约的时装周秀场，成为中国顶级男模。

第一次打工，第一次住地下室，第一次做厨师，第一次做销售，第一次成功卖出一件商品，第一次做模特，第一次走上巴黎和米兰的 T 台，第一次接受采访，第一次做爸爸，第一次上节目，第一次以艺人的身份出席活动，第一次唱歌，第一次拍电影，第一次拥有众多粉丝，第一次成为"国民男神"……这一系列的"第一次"，构成了张亮的故事。

十年巨变，回首总结，张亮平静地说，我做过这么多不相干的职业，并且在每一个领域都做得还不错，这是努力、认真、坚持的结果。不是天上掉馅饼，也不是一种奇迹。

"不管做什么，我的原则就是真诚。"

他说，他的生活发生了巨变，但他没有变。和家人、朋友的相处方式不会变。那一次次的开始，都是新的磨炼，是光环，也是工作，甚至——只是工作。

4

对于取得的成绩，张亮称之为"小小的成长"。和过去十几年来的工作经历一样，都是"小小的"。这十几年里，许多个"小小的成长"叠加在一起，就成为一个特别大的梦想。

他说自己没什么野心，只是专注于现在，做一个随遇而安的人。

Q：拍电影的最大挑战是什么？

A：是台词。

Q： 在表演方面你有什么预期吗？

A： 我给自己定个三年目标吧，争取成为保定电影节影帝。

Q： 你怎样理解"完美"的定义？

A： 完美，这个离我有点远吧。我觉得幸福开心就是完美的，有些东西是可以自己控制的，但有很多因素是自己控制不了的。我能做到的就是做好自己的部分。

Q： 负面声音较多的那些日子你是一种什么感觉？

A： 我觉得有一段时间大家过于捧我了，这就好像我是一个只能装八十毫升水的瓶子，大家非要不断地不断地往里装，装得我都快爆了，最后搞得我自己都很心虚。

Q：当巨大的赞誉涌来时，你有没有过一分钟的"飘"？

A：没有过。我一直很冷静，因为这 32 年来我从没有觉得自己有多么牛过，或者说我站在某个位置比别人强多少，我从来就没有这么想过。

越是大家在捧你的时候越要冷静。其实有时很像顺水推舟，水流越急的时候下面没准是个瀑布呢，所以这个时候你就要比别人更加冷静，你要考虑自己所处的位置、自己的定位，你自己到底能做什么，你想成为什么。

Q：你说自己现在仍处在一个适应的阶段，你是如何调整自己的？

A：现在要想的就是，怎样把今天的事情做好，把明天需要做的东西准备好。

Q：那这个过程当中你是快乐的吗？

A：我挺快乐的。

我觉得现在是一个努力拼搏的年纪，并不是躺在家里面享受的年纪。人，不要浪费时间和生命。作为一个人要有爱好，有自己的生活和家庭，什么年纪就该做什么样的事。我现在都有，我觉得很幸福。

Q：你曾说过自己本质上还是个厨子。

A：对，我没什么野心。

Q：假如有一天这一切都消失了，你会怎么样？

A：大不了我继续做厨师，去开我的饭店，这是长期以来的愿望。我觉得艺人这个职业有时其实还是蛮"空"的，反而是开饭店这种实业能够带来更踏实的感觉吧。

人生有很多路要走，不论走向何方，都要勇敢而坚定。

采访结束时间为 18:30。他马上要赶去见导演，商讨新作品的角色定位，然后回家带孩子。

摄影 / 张曦（曦烽社）；图片提供 《时装男士》杂志

白百何

明白了生活的真相，不跟自己较劲 To understand the truth of life let yourself go

"

知识使人丰富、
完善，
也使人快乐、
洒脱。

"

1

清新自然的外表、随意洒脱的个性。

带着点"刺儿"般的个性，既美丽，又"危险"。

"小妞"只是她的表象，她的身体里住着一个"大范儿"姑娘，强大而坚韧。

2

她说，如果不是做演员，她可能更自在一点，不需要永远带着妆见人。

忽然投入、忽然抽离。

可能做一个普通的白领就够了，朝九晚五或许乏味，却是实在可触的人间烟火。

3

　　演员要在拍片时懂得自我投入和自我享受，一大群人围着你、盯着你，和拍戏时一个样，但没有剧本，导演是摄影师。没有剧本的戏要想演好，必须具备自我代入感，具备"人来疯"的特质，屏蔽掉周边的一切，镁光灯下，是个只属于自己的世界。

　　演员必须具备这种投入感和排他性，不然那么多铺天盖地的舆论报道如何扛得下来？

　　太多自己所不能控制的部分——离开了表演的那个位置，你就不再是刚刚的那个人。又必须具有柔韧度，从身体到头脑，都有具备强度的韧性。

　　还得不害怕"露丑"，有时一个嘟嘴、一个转身就可能形成一个不够好看的角度，在摄影师的电脑中，这些图片最终都会被删除，但是现场有许多人在看着，说不好哪一张图片就翻了白眼。

4

女艺人随时都要提防自己走光，因此从穿着、表情到举手投足，每一个细节都要提前做好细致工作。如果你很幸运地没有走光，也要防止"被离婚""被劈腿"这一类狗血的剧情上演，因为你是艺人，"被消费"是常有的事。

白百何面对这一切的时候，和其他演员一样"自然、坦然"，这个"小妞"是有气场的，千万不能被电影《失恋 33 天》里的黄小仙的小妞形象给"骗了"，现实中的白百何可不那么傻，有的是主意。

5

演过《整容日记》的白百何也曾经和人讨论过自己的模样，有人说她的门牙得去动动手术，整得精致点。可她就觉得自己的两颗门牙很可爱、很自然，你们如果爱她，就请顺便爱她的这两颗门牙吧！

6

这个小妞儿喜欢读书,这么多年没白读,她在身体里悄悄安放了许多力量,这些力量不是外界的一些事情和标准就可以随意摧毁的。

"知识使人丰富、完善,也使人快乐、洒脱。"

演员是一个消耗性极大的职业,但往往能在短时间内获得许多人若干年才能积累得到的感受。对于白百何来讲,表演是她的工作,是她最喜欢的事,所以在这个过程中她享受,并没有什么不适。比较喜欢顺其自然的状态,不去想到底是好还是不好。

7

她不是一个简单的工作狂,而是一个懂得生活的人。她的房间里有无数个生动有趣的小细节,甚至连一个电插头都充满了设计感和趣味性,也不知道她都是在哪儿淘到的这些东西,特别有爱。

她会在片场贴心地对吸烟的工作人员说："不要把打火机放到烟盒里，那样也许会有机油漏到香烟上，被你吸进去。"吃剧组盒饭的时候，她会对所有的"美食"赞不绝口，说好吃好吃，她介意发胖，狠吃蔬菜，却不拒绝肉食，她用运动来打发掉"累赘"，而不是选择极端的方式来速成。她对养生十分在行，会不时听到她和众人分享自己的养生秘诀。

8

　　毕业、结婚、生子、复出，白百何的人生是"顺"的。一面与世界接轨，一面又过着特别传统的相夫教子的日子，因此她的积累是天然的、厚实的、符合常理的，这对她的工作发展而言是一件特别有利的事情。但她又不老派，活在当下，因此人们才能在她的诸多角色里见识到一个"自己身边的、毫无距离感的、真实不做作的小妞儿"。

Q： 排除市场考虑，你最想拍一部什么样的作品？或者接拍一个什么样的角色？

A： 单亲妈妈。

Q： 你希望人们在你的作品中感受到什么？

A： 被解读。

Q： 你希望自己在别人眼中的定位是什么样子的？你觉得自己有做到吗？

A： 定位无非是对自己的要求。坦白讲我只有做好自己，才能给大众呈现最好的我，所以还是那句话：自己做到最好，其他的顺其自然。

Q：对你而言，什么是你追求的终极理想？你自我价值的实现是以一个什么样的标准为参照呢？

A：家人健康快乐，家人是否幸福。

Q：在你身上我们看到了一种"强大"，好像你什么都不怕，什么都不能将你打败。

A：应该是和父母从小对我的教育方式有关吧，他们总会在合理的范围内让我的意见和想法得以发挥，所以养成了这样的个性。而且我现在的职业是一名演员，个性对于我来讲，更多的是要保持一份独有的观察力，要有与众不同的视角，才能让塑造的角色有不一样的突破。

Q：怎么看待"被离婚"事件？

A：开始确实有些愤怒，但更多的是无奈，后来选择淡定地面对这一切。

严格来讲，我们在舆论面前属于弱势群体。陈老师和我毕竟在这个行业内工作，有一定的承受能力，但家里的老人和孩子不应该和我们一同面对这些。特别是孩子，我不想让这样的消息去影响他的成长。

Q：你对于自己当下的状态满意吗？

A：满意。再没有比现在更好的了。

Q：我觉得你一直很淡定。

A：一个人的格局大了，未来的路才能够宽。许多人选择了比较自我的方式生活，与世界抗争，与命运较劲，无法看见更远的未来，对于眼下发生的糟糕的事情反应强烈，甚至情绪化地做事。我希望自己不要这样，要顺从生活，明白生活的真相，不跟自己较劲，也不要去拧巴他人，在每一个阶段去做当时最该做的事情，就可以了。

9

有一年冬天，在她的事业如日中天时，她竟然休息了四个月。

她在微博上写道："慢慢会发现——没时间讨厌别人、没时间矫情、没时间在意别人的眼光……因为有太多有意义的事要忙。"

白百何的这条微博灵感来自于她曾经看过的一本 Coco Chanel 的口述自传。

篇章很多，但令她记得最清楚的一部分是 Coco 谈及他人对自己的描述时所做出的评论。

"Coco 说，她知道很多人都在杜撰她的成长历程，也知道很多人觉得她脾气很臭，更知道很多人都瞧她不顺眼。但她却直言自己可是一直在忙，忙到没有时间在意别人怎么说，也没有时间去讨厌讨厌自己的人。"

这本书与这个故事的出现，让白百何认知到自己专注于某件事情，就会在其间得到纯粹的快乐。

"如果你觉得不快乐，那必定是因为你不够专注，你在意了其他的东西，比如外界的眼光、评论，而那些恰恰对你的生活最无关紧要。"

Q：你心目中完美女人的定位是什么样的？

A：知道自己要什么的女人，她一定可以很完美。

Q：如果有一天你不拍戏了，你会做什么呢？

A：我有好多副业呢，我可以当配音演员、可以当服装师，还可以到我造型师开的店里去当收银员，我还想当个裁缝。

摄影 / 于聪 YuCong；图片提供 /《时装》杂志

黄晓明

成熟，就是看清了事物的本质，但不失望

Maturejs awaking to the essencebut without disappointment

高情商的人是低调而谦虚的，
懂得事半功倍的道理。

1

起初我对这个采访并不抱太多期望，因为他太红、太忙。粉丝们肯定比我知道得多。他工作室的企宣也一定比我写得好。

所以我既有压力，又压力全无——反正我写不出第二个黄晓明来，索性半开玩笑地写着采访提纲，请编辑发给远在几百公里之外拍戏的黄教主，一边祈祷他能够"像样儿"地回答我那些略带玩笑的话题，一边想着，死就死吧，谁怕谁啊？

邮件发过去，赶上了周末。
三四天过去了，没信儿。
我心想，教主真不靠谱！

晚上打开朋友圈，看到一个媒体的朋友发图文，此刻，教主正坐在沙漠的一张椅子里，镁光灯的后面，是黑漆漆的夜晚和笼罩在漆黑夜色中的漫天黄沙，许多工作人员穿着厚外套，鞋子陷入厚重的沙地中。据说，教主得了重感冒，白天拍戏，晚上拍杂志大片，辛苦。

我心想，教主啊，您辛苦了，您有时间回答我的问题吗？又隔了一天，邮件回来了。

我看完教主的回复，那些玩笑、揶揄和"爱谁谁"的感受瞬间全无。

他很认真，把每一个问题都回答得非常完整。条理清晰，语言得当，格式规整，没有错字，连标点符号都无比正确。并且，贴心地将自己的回答用不同的颜色加以区分。

2

从考电影学院起，他便不是一个"聪明"的学生，他的愣、他的憨，曾被崔新琴老师说成是一块"木头"，但她无论如何都要收下这块"漂亮的木头"。

后来，他的"二"，让他多了一个"二哥"的称号。

他在微博介绍中这样写道："少说话，多做事！我不是最好的，但我要做最努力的。"

3

在男演员中，他可以算得上是很"倒霉"的了——经历过三次车祸、一次粉碎性骨折，而拍戏过程中所受大大小小的轻伤则数不胜数。没有经历过住院、手术、长时间等待复原的人或许很难感受到这些伤痛经历意味着什么，而那些伤痛来得不早不晚，恰恰都发生在他事业起步、爬坡时。

卧床养病时，黄晓明看书、看电影，沉淀自己。

"只能当作是给自己充电的时间了。也可以有时间和爸妈坐下来好好聊聊天，这是受伤带给我唯一的好处。"

伤痛，让黄晓明学会了忍耐、面对。

4

而相比身体上的折磨，曾经更加令他感受到灰暗的是事业的低谷、他人的嘲笑。

"我最灰暗的时候，是被很多人嘲笑、讥讽的日子。觉得自己出门走在街上都是在被人看笑话，觉得自己的人生非常失败，即便我再怎么努力也得不到认可。那段日子不好过，但熬过之后，就发现自己内心变得强大了，不再害怕这些了。既然我选择了这个行业，我就必须让自己学会适应。

"现在，别人的评价已经不那么能影响我了。"

自从黄晓明在《快乐大本营》里脱鞋后，再也没有人笑话他矮了。

"你们不是想看吗？我就脱给你们看。"

5

面对面采访时，所感受到的黄晓明更加立体、令人舒服。

他说起话来很邻家，就像跟你唠家常。他咬字很重，唱歌时也是一样，通过这一点可以判断他是个"笨人"。"笨人"总是希望通过努力的方式来表达和获取。他吐字用力、清晰，不含糊，不蒙混过关。他从小就是个"比较笨"的孩子，一直用简单的方式和世界沟通。

我在片场见到的他，一直保持着天蝎的执拗，他弓着腿，始终保持着摄影师要求的姿态。如他自己所言，他的成绩大多来自坚持。这份坚持渗透在他的每一根骨头、每一丝肌肉里，是他在任何工作中的精神脊梁。这是个硬气的男人。

6

黄晓明有些时候似乎有点"背"，常常经历"大事"，这让他对得失有了更多的认知。经历过后，车祸、骨折似乎都"不是事"。断骨可接，意志若不坚挺，人却会真的倒下。他只能选择纵身前往。而他似乎也从未有过别的念头。

面对生活和命运，黄晓明显得十分硬气。过去人们叫他英俊小生，现在则称他为"硬汉"。

时间包裹起伤口，平复了过去，打磨出内心的坚实。

转眼间，他又在另一块银幕上出现，成全了又一段青春往事。

7

接触过黄晓明的人都会喜欢上他，他不装，不摆架子。原本没有现场采访的安排，看到记者在现场候着，他就好脾气地说，来吧，现在咱们就可以聊会儿。他颈椎受过伤，枕着颈椎枕靠在椅子上，像一个老朋友一样唠起家常来。

他会请记者吃东西。

他希望有他在的地方都能其乐融融，他很爱操心，为别人想很多、做很多，别人高兴了他就"圆满"了。

比如，吃东西，明明他不饿或者不那么喜欢吃，看着别人吃很开心，他在旁边就很开心，其实他胃里可能并不舒服。这其实很辛苦、很累，但是他乐在其中。

我劝他不要总是为了别人而活着，他说不可能，因为他这个人就是这样的，别人 ok 了他才 ok。他的人生也许就是建立在一种成全别人的基础之上的吧。

8

黄晓明从来不恐慌，即便遇到一些"大事"，遇到考学、工作，遇到麻烦、瓶颈，甚至是在骨折后面临"有可能拍不了戏"时，他都从未恐慌过。说不上来这是心理素质太好还是与生俱来的优势，表面上看着有点笨笨的、甚至会犯二的黄晓明，情商的确与众不同。

他是个惹人嫉妒的家伙，长得好，名气大，情商又这么高。但他坦言也会害怕，他害怕自己做得不够好，不足以成为大家口中夸奖的那个人。说到底，是完美主义心态在作祟。过去的一些年里，无论再苦再难，无论别人如何嘲笑他，他都忍。他认为，只要坚持到底，总可以站到一个制高点上。

他的世界里，戏比天大。一旦开始拍戏，他就不顾一切，甚至不顾生命安危。他对待自己相当有原则——够狠，够爷们儿；对待媒体也特别有原则——真诚沟通，不虚张声势。但他把自己搞得太累，因为有时候"原则"不起作用。

聊起这几年他演的一些所谓"烂片"，客串也好，主演也罢，他说这都是因为没有原则，轻易就答应了帮朋友的忙。不了解情况的人还以为是他的选择有问题，其实是有多方面客观的原因，而他只是来"让别人高兴"。他说今后会吸取教训，会更加慎重地对待作品。说到底这还是个选择的问题，关键的点在于你要如何选择，而选择的标准还是原则。

Q：当年在《中国梦之声》，有人揶揄你的状态有点"表演"的成分。

A：我私下就是这个样子，有点"二"的，喜欢开玩笑。我在台上只是自然表达，让选手们在紧张的气氛里轻松一下，仅此而已。

Q： 请和我们分享一下你近两年来的心路历程吧。

A： 《中国合伙人》上映后，我才如释重负。角色被人肯定，作为一个演员，这是他最大的幸福和追求。从那以后，我看开了很多东西，放下了很多忧虑。到了《中国梦之声》，我就更放得开了，因为做回了真实的自己。

Q： 你的充电方式是什么？

A： 插电源？

Q： 你平时读书、看电影吗？都看些什么？给我们推荐一下。

A： 读书和看电影是我最大的消遣方式。我随身都带着书。我看得很杂，企业管理、宇宙奥妙、哲学都会涉及。你要我推荐的话，我想推荐《前世今生》给你。人生在世是很奇妙的，你看到的不一定就是真实存在的形态，那背后是什么、本质是什么，这就是我最感兴趣的部分。

Q：一个演员，该如何真实地生活？

A：我什么样的生活都能过，比较随遇而安。简单来说，就是你请我吃鱼翅我可以，请我吃泡面我也可以，我没那么多要求。我没有刻意去保持自己独立的空间，我这里，你们谁都可以进来，又随时可以离开。因为我知道自己是谁，要的是什么。

摄影 / 尹超；图片提供 /《时装男士》杂志

吴秀波

希望60岁的时候去流浪

Wish to be a wanderer in 60s

"

看透的人才会自嘲。

"

1

媒体总爱说吴秀波喜欢卖关子，说话绕弯，净搞些高高在上的哲学问题，"'飞'得不得了"，甚至还给他扣了顶"哲学戏子"的帽子。

且不说"戏子"一词是否合适，单是对"演员 vs. 哲学"的命题大呼小叫，就已经够了！演艺圈中不乏浮皮潦草，却也无法否认真金白银的存在。

在采访中，我们见到了一位如此喜欢辩证思维的"哲学"大叔，一个演艺圈中的"另类"，一位随时能把自己逗乐的生活家。和他聊天，本身就是一次思辨的过程，不仅帮助我们去了解"里面"的他，也顺便帮我们厘清自己的思路。

处处可以嗅到他身为处女座的敏感细腻，也能充分感受到他人到中年的开朗豁达。

2

这年头，大叔们越来越吃香。越来越多的英俊男演员们发觉此道，"蓄须明志"，铆着劲儿地往沧桑里捯饬。

但沧桑是学不来，也装不像的。

"大叔"，是时间的沙漏流到了这一刻度，岁月的风尘磨砺出宝剑的锋芒，一切都水到渠成，顺理成章。

谈起自己的过往，吴秀波自言也有过青涩稚嫩、一味憧憬的曾经——一如他在电视剧《请你原谅我》中所扮演的"问题青年"徐天一样，不停地站在此处望着彼处，从 A 到 B，又从 B 到 C，一直没有一个准确的方向，不知道路程的每一段风景究竟对整个生命而言意味着什么。

"揭谛揭谛，般若揭谛，波罗僧揭谛，菩提萨摩诃。"这句《心经》里的话是在《请你原谅我》大结局时，徐天（吴秀波饰）和何美丽（海清饰）的对白，徐天不明就里。何美丽对徐天说："它的意思是去吧去吧，到彼岸去吧，彼岸是光明的世界。"虽然她也未必真的明白，但这一段并不通俗的对白却恰恰可以概括那时的青春迷惘。故事上演到这里，似乎已是完满结局，皆大欢喜，令人神往。然而令人意想不到的是，到了剧集真正收官时，吴秀波却自己设计了一段花红柳绿的花鼓戏，男女主人公画着油彩，跑着旱船，郎情妹意，兴高采烈，甚至有些滑稽。

吴秀波对此的体会是：

"有时我们从来无暇自顾，总是在看他人，很少能看见自己。能够用幽默和自嘲的态度去看待所走过的路程，才是一种成熟的态度。其实这也证知了我当时对《心经》以及那部戏的理解，人因为忧系此岸或恐惧此岸而求彼岸，但在过程中却证知了无此岸亦无彼岸，而其实此岸何尝不是彼岸。所以我以为那部戏是对我整个青春成长岁月的另一个记载。很多人纠结于以前或者以后，但是慢慢长大才真正知道，其实真正的生命就在呼吸之间，就应该活在当下。"

Q： 这些年，全国人民十分热衷于黑处女座，您是个不折不扣的处女座……

A： 黑呗，反正我也喜欢黑色，我的衣服都是黑色的。

Q： 如果您周围的人都来黑您，您有什么想法？

A： 我觉得一个人生生世世的轮回中总有一世会做处女座吧，每个人都会有。

Q： 据说，处女座比较悲观、偏执。

A： 如果我们要作分别，不妨做一个更大范围的分别：处女座的猫是什么样的，处女座的狗是什么样的，处女座的大象是什么样的，处女座的蚂蚁是什么样的……

Q： 您对于塑造过的角色满意吗？

A： 没有所谓满意不满意，接到什么戏都是一种缘分。风马牛不相及的各种人生，我都在塑造和"经历"，每部戏里面都有我当时对待生命的态度。

Q：人活到一定岁数会更加释然。

A：其实幽默与自嘲是一种非常优越的人生态度。

Q：有人这样说过，特别自信的人才特别会自嘲。

A：看透的人才会自嘲。

Q：会因为什么不开心？

A：很少会不开心，因为完全不在乎。

其实，并非不在乎，而是在意过、努力过，也尝过痛苦和失败的滋味，才有了这一笑泯"恩仇"的江湖豪气，才有了自嘲但自知自制的当今模样。

Q：有没有一部戏觉得挺值得回味的？

A：没有。（笑）真的。

Q： 那您以为的好作品是什么？

A： 就是真的可以从里面不停地看出它的寓意和态度。

Q： 特别清晰的态度会不会令人觉得残酷？

A： 其实越是真实的事物反而越不容易被人相信，每个人站在自我的立场想故事、想世界、想所有语言的对答，所以就变得非常主观和不准确。

Q： 您一般什么时候看书？

A： 有时睡前阅读，或者在拍戏现场，当我想让自己更安静的时候就看书。什么类型的书都看，近期看经书多一些。

Q： 看经书是内心的一种修炼？

A： 我不是拿它当某一种宗教或信仰来研读，我把它当作文化。这些阅读确实对我的戏剧表演有很大帮助。

Q：随着这些内在的丰富和成熟，会觉得自己能够掌控的越来越多了吧？

A：能够渐渐掌控自己的表演方式，对于结果，没有人能够掌控。我以前是没得可挑，后来就特别挑，现在发现，挑不挑的，都不是我能定的。真的按照某一个水准挑的话，可能就接不着戏了。这个标准是什么？得一个比一个好才行，但最终你会发现这根本就是一个无望的挑选。

Q：您会拿自己去跟别人比较吗？

A：这完全没有任何意义。

非要说不一样的话，我不一样的地方就是我怎么看大家都一样。我不去做比较。

我相信只要有分别心，就永远有不满足，永远有对错。对错里面还会有对错，对错背后还会有对错。而事实上，除非有一天我不是人了，才有权利去评判人与人之间的差异和对错。

Q：看过一些报道，您说自己是个无趣的人。

A：非常非常无趣。

Q：觉得无趣的点是什么？

A：如果没有戏剧，没有戏剧里的故事，我以为我自己的生活并没有太多的色彩。我从小到大，不是一个胆大妄为的人，一直都是在看着别人在做什么、跟着别人做什么。终于有一天自己可以做什么的时候，我发现自己又不想做什么了。

Q：但别人好像并不这么认为。

A：说我有趣的原因或许就是这个人竟然如此无趣吧！（大笑）

Q：会在某个时候有厌世情绪吗？

A：有过，我都有过，有过奋发向上的时候，有过想躲到世外桃源的时候。现在这些东西依旧安好地在我身体里，生长得差不多。

Q： 那这些时刻都是如何过去的呢？

A： 我以为，如果你看到一株参天古树或者一片荒原，你会觉得那是天造地设；而当你看到一片庄稼地的时候，你会觉得那是日常耕耘的结果。说到底，智者因循自然，又耕耘不息，得失之间，并不强求。

Q： 您说自己的定位就是没有定位，那您满意现在自己的这种状态吗？

A： 那时，总想着我要成为一个好演员，要成为一个负责任的人，我要过一种怎样的人生，我对现在不满意，对未来不满意，不停地定下一个又一个目标。可是突然有一天我发现可以不用给自己定这些目标，我可以不对自己满意或者不满意。

Q： 您完全不 care？

A： 我就是因为完全不 care 所以才很开心。

Q：至少工作目标还是要有的吧？

A：你要听真话的话，就是没有。如果你说明天不干了，不干就不干了。当然，我说这话会很惭愧，因为我可能已经跨越了脱贫阶段，我不为衣食发愁，说这番话会得罪人，别人会说"我们需要工作"，我当然理解，我也是靠拼命工作度过了那个阶段。我现在知道了老话儿里讲的"知足常乐"。

佛法云："有求皆苦，无求乃乐。"吴秀波中年不惑，享乐其中。

3

遗憾总是有的，吴秀波觉得他这半生中都有遗憾，他在遗憾中见识到自己还不够勇敢。每每遗憾其实自己可以更勇敢，但是并没有做到。

"我不知道是不是有一天自己能够变得像想象中那样勇敢，大人说打针不要怕要勇敢，我觉得他在骗我；同伴说不要怕你先往前去，我觉得他在诓我；等最终我跟自己交流时，也会发现，我真的还不够勇敢。"

尽管遗憾多多，他却鲜少有沮丧的时候。"混混沌沌，一直心怀窃喜地活着，唯一觉得不够的地方就是不够勇敢。"

Q：人到中年还有梦想吗？

A：梦想就像一个个的气泡一样，永远会有。会破碎，但是会形成新的气泡。

Q：听说您特别爱美。

A：爱美确实是。

Q：您有什么野心？如果您有的话。

A：有啊，不止一个呢！我觉得野心就是对于生命的欲望，是脑海中不停闪现的有关未来的某些一帧一帧的画面，但是能把野心变成现实的人，那种疯子比较少见。野心现在也仅仅是脑子里的摆设而已。像我这个年龄，正好处在"是否还有力气和野心去改变自己"的这种状态，分不清究竟应该完成野心还是休掉野心（笑）。但还是有。

Q：会越活越年轻吗？

A：有可能，也许再过个几年看我长发飘飘在市井中酩酊大醉也说不准。如果有可能的话，我希望自己到了60岁的时候还可以去流浪，闲云野鹤，做个无知无为的老头。

事实上，用世俗的标准来衡量的话，吴秀波已经足够勇敢、足够智慧、足够懂得生活。他学表演；做生意，赔了再做；低谷时，跟着朋友走穴演出，得朋友信任，让他去演重要角色；戏黄了，他继续演，自己监制；还做音乐……这些过程如若不是内心足够强大，又何以完成呢？很多时候我们不是不够勇敢，而是不够自知罢了。如今的吴秀波，修的是另一种层次的"禅"，他活在当下，惑时解惑，不惑时又寻惑。"不够勇敢"实际上是一种"不满足"，他心里还有"一个一个气泡般的梦"。

是的，在某种程度上，他的生命依旧在生长，内里还是年轻的。可能每生出一个细胞就有一个野心在生长。我想，这便是最好的修为了吧，还有什么比这更好的呢？

摄影 / 尹超；图片提供 /《时装男士》杂志

邓超

如果你喜欢自己现在的样子，就可以了，这是最好的状态

It's the best if you like the fettle you are right now

"

我们做事情的出发点很重要，
一定要时刻牢记自己为什么出发。

"

1

邓超是演艺圈中不可多得的全才，电影、电视剧、戏剧、唱歌、跳舞、配音、导演，似乎无所不能；他精力充沛，台前幕后大事小事全都悉心照料；随心随性，不屑于按照世俗的标准思考；他对一切抱持"怀疑"的态度，却又心怀感恩，对人对事敬重持稳。

不宿命，不强求，用一贯的诚恳与努力成长到现在的样子。

且，一直不忘初衷。

2

和邓超聊天有一种超乎想象的愉悦感受。看得出来他想努力让这次采访变得很舒服——他想让周围的人都舒服，舒舒服服地拍戏，舒舒服服地赶通告，舒舒服服地采访。虽然不见得每一次都会如愿。

比如，拍戏的时候，尽管大家伙都异常地配合，但剧组就是这种没事也能发生点事的地方，因为他一面让大家"舒服"了，一面又想让戏"舒服"了，那么大家就又不会太"舒服"了。

这话说得有点绕，总之，在任何有可能让事情看起来更"舒服"或者更"不舒服"的情况下，邓超都不放弃尝试。舒服是因为要好，不舒服则是一种对固有模式的挑战，一种"不能就这样将就"了的完美主义心态。

他当然也知道不可能完美。他对我提出的问题反复、认真思考，有时候我以为在片刻的停顿后结束了一个话题，他却陷入更深层面的思考中去了。

他试图将每一个答案都给你接近完整的回应，所以他细细琢磨。

他说并不追求完美。尽管如此，我也知道他很累。

他不觉得，他乐在其中。

3

因为这种对"舒服"的追求，他经常觉得对不起剧组里的工作人员，隔三岔五就和大家聊天，给制片部门"找点麻烦"。因为他担心工作人员睡得不够好、吃得不够饱，惹得制片主任也三不五时地找他"谈谈心"。

成为导演使他无比亢奋，每天打了鸡血般生龙活虎，只睡三四个钟头，然后跳起来工作。即便如此，他还尽力照顾他人，虽然这些部分都在导演的创作工作之外，于他而言却似乎再自然不过。

在拍摄曹保平导演的《烈日灼心》时，还没开拍他的部分，他就已经在剧组里进行了调研——亲自写下十个问题，然后复印，分发给剧组的每一个人，让大家选出最关心的部分。他再清楚不过，不论工种为何，每个人都十分辛苦。他想做一个好导演、好老板，从台前到幕后，从看得见的作品到看不见的付出。

4

邓超自认很细心，甚至有时候细心得过于操心了，但对他来说一切都是很自然的事。

据说孙俪说过一句话："邓超就像个电热毯，走到哪里热到哪里。"

邓超本人不记得这话，却很同意自己是个"热乎"的人。他喜欢让周围的空气都是热乎乎的，没有隔阂，没有生分，在他旁边的人都能够自然融洽地相处。

我说，你这是"人来疯"吗？

他说，不是"人来疯"，只是想让大家都能放松，所以应该叫"人来松"（大笑）。

6

表达是最好的经历，经历是最好的老师。

在陈可辛的剧组，他经常会跟导演说，导演，我再给你来一这个，再来一那个？导演说，可以了，可以了，已经 OK 了。但邓超总是琢磨着更多表达的可能性。

他这样形容初次拍摄电影的感受："有位老师说得好，电影是什么？电影就是各种可能。艺术跟生活一样，每个人每种方式的表达都是平等的，你不可能对别人的表达表现出我比你更强大、更牛或者你很低俗、恶俗这样的态度，我现在对这些词开始表示怀疑。我曾经的确也用过这些词。但是你不经历，永远不知道这条路是什么样子。我们常在河边走，就以为对那河水很了解，其实从未走进水中去感受水的深度、温度和水质，所以可以说我们对这条河全无了解。现在我做了电影我知道，你想说别人的片子很烂，那么你先拍一个试试，先拍一部烂电影试试。"

7

有媒体报道，说他小时候很叛逆。

小时候，他曾是大队长、红花少年，成绩名列前茅。小邓超的所作所为都是行侠仗义，完全符合每一个人对武侠世界的理解和憧憬——他为受欺负的同学出头，替弱者摇旗呐喊，打抱不平。

事隔多年，邓超的母亲看到媒体这样写自己的儿子还很愤愤不平，因为在她眼中，儿子当年是很乖的好学生。母亲曾这样教育小邓超：不可以杀人放火，不可以做伤天害理的事。邓超说，这话比较通俗，但这些界限一旦建立，在孩子的成长中绝对会起到重要的作用。

"我年轻的时候，有些部分可以归结为叛逆，但更多的则是我在向这个世界提问。现在的很多孩子还没有开始提问，就已经过了那个阶段，他们逆来顺受，接受成人安排好的一切，遵循书本上的教条思想，根本没有自己的价值理念。这个是很悲哀的。而且小孩子天性里面的东西应

Q：你信佛，现在读经吗？

A：没有时间，忙死了。

Q：你这么忙，每天还有时间思考吗？

A：会想，半梦半醒的时候会想，睡眠很浅的时候也会想，时时刻刻都在思考。

Q：你有特别沉静的时候吗？

A：随时都会，晒着太阳也会，来的路上也会。

摄影 / 陈漫；图片提供 /《时装男士》杂志

李冰冰

不多解释，直接行动

Do not explain,just do it

"

我尽量传达对生活的热爱，
尽量不发牢骚。

"

1

从我走进化妆间开始，就看到李冰冰不断地和造型师、编辑沟通各种细节，细节到一片假睫毛如何贴、化妆海绵过干或过湿。在画眼妆时，化妆师用的海绵水分过多，敏感的李冰冰说了一句"太湿"，在化妆师及周围的人还没来得及反应的时候，她就抢先夺过海绵，挤了挤水分，这才又递回给化妆师。

李冰冰是个行动派，在她诸多的人生格言中有一句是这样的："有啥别有病，没啥别没时间。"

我想她行动起来格外迅速的原因更多是来自于时间，每天的睡眠时间被压缩到只有三四个小时。被外界称为"拼命三娘"的她总是"不多解释，直接行动"。

她的团队对此的解释是：她太简单了，简单到没有太多的心思，因为她当时的念头就只有一个：这样做是对的，于是她就去做了。

2

　　我并不想过多谈论李冰冰工作的部分，因为很多成绩、作品都一目了然，大家看得到她的表现和努力。我反而特别想了解她单纯作为一个社会人的所思所想、她的生活感悟，了解抛去明星外表后的李冰冰是什么样子的。我不想把一个采访搞成对某个大人物的吹捧或者附和这个产业来制造一个娱乐假象。我只能记录并感受她所传递给我的、哪怕只言片语的信息。

　　好像明星发展到了一定的高度，在写关于这个人的文字时，能够展开的、表达的东西特别多，但是又有一种感觉就是：似乎什么都不用写，不用刻意强调。因为她整个人、所有的作品摆在那里，她的状态呈现在那里，就自然而然地说明了一切，所以有时候我甚至会觉得语言是苍白的。

3

"能先让我休息一会吗？"前一晚失眠的李冰冰提出这样的要求。

于是我走到落地窗外，点燃一根烟，一边透过玻璃窗看她休息时的样子，一边思考该如何继续我们的对话。

我想起自己的大学时代，那个时候我也曾经想过要演戏、要出名、要登上时尚杂志的封面、要走上星光耀眼的红地毯，受万人瞩目，得万人景仰。可是当我望着此时此刻的李冰冰——这个捧回了四座奖杯的影后疲惫的面容时，却比以往任何时候都释然，我突然明白，上天没有给我这些光环，或许是对我的一种恩宠，也或者是我的内心还不够强大到容纳这一切。

我很心疼做明星的人。

大众普遍以为，登得了厅堂，成就了梦想，便顺理成章，辉煌一生。殊不知这些大人物光环背后的辛苦与无奈。你可以说你爱她、无比了解她，但你永无法体会真正的她，因为你无法处在她的位置上，感受到她的冷暖。明星真像一条鱼，看似逍遥自在，其实冷暖自知。

4

你或许把她想象成天外飞仙，而其实她可能在你不知道的时候早已归隐田园。

Q：你的微博一直传递着正能量。

A：一花一世界，一沙一天堂。每个人的微博都是一个小小的媒体，我尽量传达对生活的热爱，尽量不发牢骚。

Q：你的助理说，你很少吃肉。

A：对，素食也是一种环保。如果不是为了健康，我或许会永远都不吃肉。早餐是全麦食品，中餐和晚餐是家中阿姨的手艺，只要是在北京工作，随身携带饭盒。几乎不在餐厅用餐。

Q：会不会很枯燥？

A：我平时的生活也是这样啊！也许在你看来是"无聊透顶"：不拍戏的时候就宅着，看书、看电影，或者健身。

Q：你是典型的双鱼座吗？

A：双鱼座的缺点我都有，摇摆不定，犯晕。

Q：可是你看上去非常清楚自己想要的是什么，这一点和双鱼座不大一样。

A：会去争取一些，而且会非常认真对待要做的事。但我挺笨的，后知后觉。

Q：请用简短的语言形容一下你所饰演的角色，其中哪一个最接近真实的你？

A：《云水谣》里的王金娣很真，很朴实；《天下无贼》中的小叶我觉得很帅（我是一个很喜欢拍打戏的人）；《风声》里的李宁玉备受同情，很无奈；《狄仁杰之通天帝国》里的军师很酷，很强；《雪花秘扇》里的尼娜百合够痛。每一个角色都有我的影子，有我性格的渗透。

Q：有人说李冰冰的每一部作品都可以称为代表作，你怎么看？

A：妈呀，我坚决不同意！

Q：你觉得自己现在的状态怎么样？

A：挺好的。

摄影 / 孙郡；图片提供 /《时装男士》杂志

冯绍峰

快乐就是不要让自己有那么多的不满足

Happy is just easy to meet

"

让自己多想想好的方面，
你就会快乐。

"

他也不是非要把自己隐藏成"世外高人"，他不拒绝善意的沟通。

"以前我会对此很紧张，会排斥，后来发现这样也不好，会适得其反，不如就很坦然地告诉大家我不喜欢聊类似的话题。一旦你很坦诚地和对方沟通，大家就会互相理解。我不想做一个很'装'的人。"

3

"你现在的乐趣是什么？"
"没什么乐趣。"
"你很无趣吗？"
"特别无趣。"

说这话时，冯绍峰的眼睛里丝毫没有闪烁。对他而言，电影之外并没有什么爱好，工作就是娱乐，工作本身并不无趣，无趣的点在于，除此之外可能真的没什么太有趣的事了。

这其实是一种幸运。冯绍峰小时候总想着以后能不能当演员，后来他上了戏剧学院，然后他想拍戏，哪怕只有一部就足够了，然后机会来了，还是主角。有时候他感觉自己不温不火，没什么人认识自己，再后来他就家喻户晓了。这些过程都伴随着"幸运"二字。冯绍峰说这些时仍显得很淡定，这种淡定有时会让记者颇为苦恼，因为"不夸张的话哪里有什么点可写"？

4

《黄金时代》中，冯绍峰的角色是敢爱敢恨的萧军。这个人物在女作家萧红的生活中扮演了至关重要的角色，而萧军的大男子主义，他的阳光、斗志都是吸引冯绍峰参演的原因。

"我小时候以为文人都应该是斯斯文文的，但其实他们都很随性。他们洒脱、不拘小节、热爱自由，才使得他们创作出更多自由的、鲜活的作品。那个特殊的时代也赋予了他们创作的空间。"

Q：谈谈你演的萧军。

A：萧军是充满阳光、充满斗志、正能量比较多，男性荷尔蒙特别多、强、膨胀的一个角色。演起来很过瘾。《黄金时代》里的角色，是朴实无华、特别生活化的那种，就要从内心去调动这些东西。可能每个人内心都有一些不一样的部分，我需要把它放大，然后充分用这些特质去塑造这个人物。这是我演过的最男人也最过瘾的角色！

Q：可是他也很大男子主义。

A：对，萧军有很多缺点，大男子主义，对女人比较蛮横。但是关键时刻，在一个女人最无助时，他是一片天、一座山，可以扛起这个女人的一切，保护这个女人的一切。

Q：男人和女人相处，什么是第一位的？

A：责任感是首位的，你不可能永远做你喜欢做的事，不可能一直由着性子来。

Q：《黄金时代》是个什么样的时代？

A：我觉得他们的生活特别浪漫，而且意识超前。你想象不到他们的一些意识，比如感情观、世界观等比我们现在的还要强烈。那个黄金时代真的是一个特别令人憧憬的时代。

Q：现在这个时代，别的好坏不说，至少环境是坏掉了。

A：对，我们拍摄《狼图腾》的时候，法国导演 Jean Jacques Annaud 是个环保意识很强的人。整个拍摄过程中，剧组都非常注意，我们每天都徒步走到山坡上的拍摄地点。很辛苦，但是剧组坚持不开车上山，设备都是由人或者马车拉上去的，生怕破坏当地的生态平衡。

Q：你自己呢？还做过哪些跟环保有关的事情？

A：很多啦！不过，很多高举环保旗帜的人都还只停留在表面行为——出资、呐喊，那起不到实质性的作用。应该从小孩子开始，在课本中、生活中植入环保的观念，不然以后我们只能拥有一个非常糟糕的环境。

5

"我不太喜欢拿隆重的事物来装饰自己。"

冯绍峰有许多孩子般的特质，比如眼神里的无辜、单纯。他的眼睛在不演戏的时候不是特别有神、看一下就能把人盯死的那种，但他具有一种缓慢的力量，会在你和他接触的过程中慢慢将你"腐蚀"。

换句话说，在他的眼中看不到明显的欲望。

Q：你说自己是个很纠结的人，但我觉得在你身上有一种正能量，不是特别外放的那种，而是一种清淡的能量。

A：挺好的，我喜欢"清淡"这个词，挺适合我的。我本身就是一个比较清淡的人。我不是那种每天像打了鸡血似的感觉，基本上我无意识地保持着一种状态。有可能就是你说的"清淡"。

Q：其实想要真正做到"清淡"的状态很难。

A：人总是会有各种欲望，现在的社会发展太快，人们都在各种赶路。一旦人的欲望减少，懂得舍得之道，也许就自然而然地"清淡"了。清淡是一种理想的状态。

Q：你快乐吗？你有没有想过自己活着的意义？

A：快乐是相对的，快乐就是不要让自己有那么多的不满足。任何事情都有好的一面，让自己多想想好的方面，你就会快乐。

而活着，是一种体验，我们来到这个世界上就是为了体验各种情感、经历各种事物。

闫妮

你不过就是一个人

You are only a human

"

只要恒久坚持就能达到目的

"

1

一路走来，闫妮都风光无限。

诚然，每一个人的道路都或多或少地夹杂着艰难与辛酸，而乐观开朗甚至大大咧咧的闫妮给公众的一贯印象却似乎从不曾与这些字眼挂钩，大家看到的是一个经常自嘲为"糊涂蛋"的"傻大姐"，一个"憨吃傻睡"、对事业不具备什么野心的"懒女人"。但是，有句老话叫"难得糊涂"，表面看上去稀里糊涂的人，许是大智若愚的智者。

2

拍摄间隙订工作餐，恰逢影棚附近刚刚开了一家陕西面馆，工作人员就特地订了各种面和肉夹馍。我坐在旁边看闫妮吃得不亦乐乎，就问她："出了名之后也还是保留陕西人的饮食和生活习惯吗？"闫妮一边吃一边乐呵呵地说："都这么大岁数了，想改也改不掉。"我喜欢她的自嘲，你总能从她的语气和笑声中感到生活中积极的调子。

闫妮一直形容自己为"憨吃傻睡"的人，对很多事不关心、不过问，自然也就没那么多烦恼。

3

她极少上网，也不用微博，对网络和计算机的认识仍旧停留在"微机"（微型计算机）的阶段。她经常和姚晨打电话聊天。"她（姚晨）知道得比我多一些，所以我知道的那些八卦、网络用语什么的好多都是从她那里听来的"。

身边的朋友对闫妮这种大大咧咧的性格也习以为常，经常拿她的糗事开涮。团里的同事跟她说："闫妮，你不要一天到晚稀里糊涂的了。"闫妮反问："人家还都说我聪明呢！"同事曰："那是人家不了解你，你不要信以为真了，你是真糊涂！"

自己到底是"聪明"还是"糊涂"，闫妮经常被朋友说得晕头转向，也因此她会跟朋友开玩笑说："你把我说得我都不知道自己究竟是什么样的人了。"

4

拍摄照片时，影棚的音乐不给力，闫妮的状态多少受了些影响，于是我建议换一个音乐，就问闫妮的宣传她喜欢什么音乐——答案让我大吃一惊，闫妮竟然喜欢 Amy Winehouse！这个时候我有点惊讶了，无论如何我都无法把眼前大大咧咧、说话经常"打横炮"的人和 Amy Winehouse 的音乐联系起来！

果不其然，Amy 的那首经典歌曲 You know I'm no good 甫一响起，闫妮就立马来了精神，跟着音乐摇摆起来，摄影师的镜头中也多了一双更有神的眼睛。

5

　　我想很多人身边都有和闫妮一样糊涂到家的朋友——经常让人头疼，比如，分辨不清方向，在姚晨过生日的KTV楼下开车绕了N圈就是死活找不到门在哪里；再比如，人家说东她说西，人家说张三她说李四，接受采访时也经常语无伦次、思绪乱飞。

　　有一次她急着上厕所，尚敬告诉她这个是冷水、那个是热水，内急的闫妮下意识反映出的就是"这个是男水，那个是女水"，令人啼笑皆非。印象较深的还有一次，闫妮上《快乐大本营》，站在舞台上貌似镇定自若，其实内心相当慌张，说着说着就说跑了，愣愣地好一会儿才想起来自己要说什么，就看到"快乐家族"的成员们那一脑门子汗……

6

但闫妮糊涂的表象之下隐藏着一颗文艺的女人心。

平日里她和朋友们交流最多的除了剧本和工作，就是音乐。

她说："音乐可以让这个世界变得更美好。我也会经常看剧本、看电影，一些好的文艺作品有种直指人心或者抚慰人心的力量，这也是我放松减压的方式之一。"

"前不久我看了一部电影叫《欲海情魔》，里面主人公女儿给妈妈唱的歌中有一句：'不管生活是什么样的，你永远都还在寻找着你那蓝色的知音鸟。'我很喜欢这句歌词，因为它代表了在我们的内心还是保留着对生活的美好愿景。"说出这样文艺的话来的闫妮顿时像变了一个人。

7

闫妮跟我讲她一个女朋友要教她做饼干的故事

"特别有意思,我一个女朋友跟我说,她学会了做饼干,说特简单,并且一定要教会我怎么做。然后突然有一天她就提着个特别好看的篮子来看我了。我一看,里面全都是各式各样漂亮的小饼干,还特好吃!把我乐的。她说一定要带我去买全套的设备、模具,或者她就干脆送我一套。我就在想,我要是哪天学会了做饼干,然后也带这么一篮子给人家送去,人家肯定会瞠目结舌,愣半天然后说:'天哪,这世道怎么变了!'哈哈哈……"

8

提及女儿，闫妮的第一句话是："关于女儿其实也没什么好聊的，而且之前我已经说得挺多的了。"

只要她在北京，每天都会跟女儿沟通，问问她的学习啊、一些学校的事情啊，也会经常和她的老师交流。闫妮自言不是一个特别会当家长的人，甚至很不擅长沟通，恰逢女儿到了青春期，在交流上难免会有一些问题。为此她特地拜访教育专家，咨询一些针对青春期孩子的教育方式，"这样比较科学"。

Q：我猜，你一定是个不爱失眠的人。

A：我很少会因为一些事情纠结、失眠之类的。回到家也不太去想白天的事，基本上走到哪儿睡到哪儿。

但有一些事情是我所在意的，就是我的工作。当在表演上遇到一些问题，或者一部戏究竟该不该去演，我都会认真思考，也会征询朋友们的意见。睡不着的时候基本都是因为这些事。

Q：女儿会否因为妈妈是名人而感到压力？

A：完全没有这方面的问题。我去录制她喜欢的《快乐大本营》之前，她说："你好好录啊，别给我丢人。"

Q：你对孩子有什么期望？

A：时代不一样了。那时候我们都不是独生子女，需要面临的问题很多，眼界也没有现在的孩子开阔。现在的小孩接触的信息量多大啊，所以肯定不一样。那个时代家长对孩子有很多的期望，希望子女为家里争光、出人头地等等。现在的家长想得很开，对小孩的要求就是希望她能快乐。我希望她做自己喜欢的事情，不想限制她。如果硬说有什么希望，就是希望她能和我一样，在工作中得到快乐。但这一切都要看她自己的努力。

Q：当年，你是怎么选到佟湘玉这个角色的？

A：佟湘玉那个时候我哪有资格去选，人家给了我个主角演，我还管它是什么角色，是不是跟我本人反差大，或者很有挑战什么的，我都没法多想，赶紧去演。"三枪"那会儿，是张艺谋选我，我还有什么可说的，就去演。

Q：都是机缘。

A：对，我觉得我的每一次合作都是有很大的缘分在里面，很多都是老天爷给的机会，都是靠缘分遇到的。

Q：喜剧演员，"喜"从何来？

A：作为喜剧演员，肯定希望自己也有个积极乐观的生活态度。但是什么是喜剧呢？没有悲就没有喜。世界是两面的，人也是阴阳的。我也是一个生活在大千世界里的普通人，有所有人都有的欢喜和忧愁。我记得贾宏声在《昨天》里说的一句话："你不过就是一个人。"

Q：“红”了之后，有变化吗？

A：我身边的人也没有说我有太多变化。我自己就更没有觉得，还是那么晕晕乎乎。

对我来说，演戏是快乐的。我们做演员这么长时间，终于有了自己的作品，得到了别人的认可，内心一定是快乐的、感恩的。

Q：你会当演员一辈子吗？

A：会，因为我别的什么也干不了啊！

Q：还有奋斗的目标吗？

A：我从来没想过要成为什么样的人。我不是出自文艺世家，也没有多深厚的文艺修养，今天我有这样的成绩其实是老天对我的眷顾。如果硬要说自己的优势，我想大概是源于我有一个好的性格和演员最基本的素质。

但我是有追求的。我想追求的，是一种像水一样的东西：有形，但是不定型，可以随着角色的需求而变化。水是往低处流的，比较低调、随缘，流到哪儿是哪儿。但是水滴又石穿，它具有自己的特质和力量，只要恒久坚持就能够达到目的。总之，一切随缘。

9

作为采访者，看到有那么多大大小小的演员在"艺海"中挣扎、浮浮沉沉，有时见惯不怪，有时又为他们感到心疼和担忧。

但似乎闫妮很少考虑这些，她不是个那么与时俱进的人。我要说，与时代脱节的人，也自有她的好处。郑板桥先生说"难得糊涂"，在这个时代里，聪明人太多了，用脑过度、心力交瘁是现代人的通病。筋疲力尽之后很多人都希望回归传统和质朴，用归隐田园、不问世事的方式修身养性。但不见得所有人都可以做到，因为有些人的聪明是与生俱来的，有些人的"糊涂"也是无法改变的。

图片提供 / 闫妮工作室

138

范冰冰

有想不通的问题，把它放一放

Anything can't figure out? Put it off

"

整天心神不宁地抱怨是解决不了任何问题的。

"

1

如果说好看的外表是一个明星应该必备的敲门砖，范冰冰做到了。

观察一个人，可以从许多角度出发，而眼神和声音是最为直接的方式。

采访中，范冰冰喜欢和采访者对视，大大的眼睛闪亮、直接，从这样的眼神中你可以感受到许多信息。

范冰冰讲话鼻音很重，尽管声音温柔、语调轻缓，但说话的习惯还是暴露了她爽快的"范爷"个性。

遇到印象比较陌生的人，她会说，对不起，我不记得你，时间太久了。目光是诚恳的。

2

拍摄大片时，性感的湿发、诱惑的双唇，迅速进入状态又瞬间抽离，转眼就变得搞笑起来。她在工作时一直保持着高效率，如在拍摄《白发魔女传》时，她可以应导演的要求做到在某一个极其细微的瞬间流下眼泪。这是个专业而聪慧的女人。

"我认为拍戏最好的状态就是，没有演员，只有角色，没有导演，只有生活。"

都说女人如水，但在大众的眼中，"名女人"范冰冰似乎和"柔软"挂不上钩。大家都说这是个十足的"女汉子"，她也经常借此自嘲。

3

她是个女人，有柔软的内心；她是个处女座，刀枪不入的外表之下有着超强的敏感度；她是个普通人，光鲜亮丽的妆容背后是一个素面朝天的宅女，可以几天几夜不洗脸，看影碟，还会对着自己的娃娃说话。

时间其实不偏爱她，是她自己用行动放大、定格了时间，让你误以为青春不老。

4

面对电影《白发魔女传》，范冰冰说："我要饰演的是一个现代人情感价值观能够认可的练霓裳，这一次练霓裳不再是一味地狠，而是多了很多人性的东西，对情感也有了更多层面的解读。我希望她更立体、更有血有肉，让大家看到一个会为爱坚持、为爱痴狂的女人。"

私以为范冰冰的这段话直接概括了其自身的特质，她不是一部演艺机器，不是冷冰冰的"豪门"，她是有血有肉、情感丰富、敢于爱和疯狂的女人。

练霓裳、杨贵妃、武则天、范冰冰，这四个女人除了貌美，还有一个共同点——都是狠角色。她们通过自身的努力获得爱情、认同，会为了欲望和野心而展开猛烈的对抗与坚持。范冰冰喜欢她饰演过的这三个人，除了因为她们的经历特别外，还是希望通过自己的演绎让大家更多地看到一个女人有血有肉的一面。她不希望只把她们单纯定义为"狠角色"。挑选剧本时，只有在和角色有心灵相通的感觉、被整个故事完全抓住时才会选择它。

范冰冰总觉得武则天很可怜，是个苦孩子。

"她不是生来就是女神、就有气场的，是一步步培养成的。出身底层，为了出人头地，为了证明自己，吃奶的劲儿都使上了。大环境、大轨道逼迫她做了很多不想做的事，身不由己。从始至终，她在玩一个控制不了的游戏。"

5

范冰冰是个戏痴，有一大半的时间活在镜光灯下的世界里，为了自己热爱的职业和角色，拼命地演出。

做演员就好比进了古罗马的角斗场，不拼就是"死"，范冰冰是一直胜出的勇士。

她曾经一天拍摄 11 本杂志封面。

6

她不愿意像有些人那样去从头谈发家史，说自己拍戏吃了多少苦、受了多少伤。道路确实不易，每个人都有很多劳累，这些东西都太多了。只有不诉苦，才能慢慢忘记了那些苦，快乐地活在当下。

有时候成长只是一瞬间的事情。

"十八九岁、二十岁的时候会有自己青春洋溢的东西，但是成熟之后的女人会有她自己的独特味道。若问最美的年龄在哪里，大概是三十五岁以后吧。那时候才算真正的有积累。我看过一个故事，一个国外的皇帝在活着的时候特别特别富有，但在他快死的时候就叮嘱家人说，一定要让自己的双手放在棺材外头，让所有的人都看到，富有如我的人，在走的时候，也是双手空空。在最终达到理想的时候，回头想一想，是不是这一生是尽兴的、尽力的，这种感受可能多过于你得失过什么。最终在意的可能是精神上的，你对你在意的东西到底付出了多少、得到了多少喜悦。"

　　Q：每天接受那么多采访，是一种什么样的状态？

　　A：经历越多，就会随时有新的感悟、理解和话题冒出来。和媒体打交道这么多年，互相也熟悉了，没有绞尽脑汁这一说，更多时候采访对于我来说就像在聊天、在倾诉，我挺放松的，做好自己就够了。

Q：每个阶段的自己有什么不同？会感到今天的自己和昨天的自己有什么变化吗？

A：我觉得我的生活就像走建筑物的楼梯间，自己是在爬楼梯，每一步都既要走踏实又要在向上、向前行进，然后每个阶段又有个小平台能让我停下来思考、调整和休息，为下一段路途储备更强的能量，这一路的每个台阶也成为我的经验、我的历练，让我比原来的自己更成熟稳重，做事更周全。

Q：你是如何保持自我的新鲜感的？

A：这是个人人都需要深究的问题，其实做演员就是个能保持新鲜感的工作，你能尝试各样的人生，变成各种性格，这也是我们演员最大的乐趣。

Q：你是个一直很清醒、冷静的人，什么事情会令你激动或者头脑发热？

A：很多开心的时候都会让我很激动，比如说，接到了好的剧本，费了很大精力淘到了一件难得的古着衣……

但头脑发热我倒是真挺少的，像我的同事总结我的口头语就是："别急。"

Q：你最激动的样子是什么样的？

A：手舞足蹈的人来疯（哈哈）。

Q：在你看来用怎样的心态才能活得快乐一点呢？

A：我是一个典型的有选择性记忆的人，我心里记忆的东西、留下来的东西都太美好了，那些不太美好的东西很容易就忘记。那些不好的事情，在我心里就是一瞬间。理想的生活状态就是不要疲于奔命，但也要自食其力。就跟每个人的梦想是一样的，做你想做的事情。但有时候可能因为生活，选择就会无奈一些，只能尝试多让自己快乐。我经历了很多，但我这个人天生好像就是自我慰藉型的，自我修复能力很强。在我的大脑中，只会记得那些愉快的、幸福的事，不快的、痛苦的经历都会自动过滤掉，所以我一直都很幸福、知足。

Q：难道就没有过对自己很不满意的时刻吗？如何让自己变得更好？

A：谁都会有想不明白、挫败的时候，但这些都只是你生活里必须经历的一部分而已，最重要的是你怎么面对，让它不会彻底打垮你，整天心神不宁地抱怨是解决不了任何问题的。如果有想不通的问题，通常情况我就会把它放一放，去做点别的或是干脆睡个觉，等起来或许就会有办法去对付它，然后就觉得，哦，也不过如此！

Q：华人女星到底能在国际上走多远？对于国际巨星，你自认为还差几步？

A：到底能走多远，一切顺其自然。

Q：之前网上一直在转发一个关于"女人优雅老去"的图文，你是如何理解"优雅老去"的？有想过自己老了之后的生活会是什么样吗？

A：哈哈！我有时候还真的挺渴望看一看 80 岁的自己会变成什么样。我自己本身很喜欢"优雅"这个词，一个女人只要内心是优雅的、强大的，那么就不需要害怕外表的老去。我希望自己将来不管多少岁，都可以是一个优雅的老太太。至于老了之后的生活我还没有想过，现在很多人叫我"小范儿"，可能我老了之后大家都会叫我"老范儿"吧！（笑）

Q：你觉得作为一个女人，一生之中最重要的事情是什么？

A：其实武则天就是一个特别完整的女人，她得到了自己追求的事业，有一段很深刻、很难忘的爱情。可能在她的一生里有很多负面的东西逼着她去努力，但在这个过程里，她其实也完成了一个自我成全的结局。

我觉得一个女人一辈子最重要的事情是有自己热爱的事情和一份幸福的感情吧。说起来好像很容易，但真的要做到这两点又达到平衡，真挺难的。

还有作为女人啊，不能太"作"了。

我最近老跟自己说："老了，不作了！"

摄影／陈漫；图片提供／《时装》杂志

陈坤

如果你的心告诉你现在还不是时候，那就不应该强求

Never importune, if your heart told you its not the time

"

最想要的爱的礼物就是爱。

"

予家人的支持也愈加丰厚，这一切使得他的内心更为安稳。而随着时间的推移，他对家人的关爱也会变得不太一样，会更加注重心灵的沟通。

十几岁的时候读到《曾国藩家书》，陈坤立刻就沉入其中，且不说曾国藩"治国、平天下"的豪言，单是"修身、齐家"的志向，就对年纪尚轻但是思想早熟的陈坤产生了极大影响。而死党赵薇偶然间送给他的《西藏生死书》更是令他爱不释手，一读再读。

很难想象，一个正当好年纪、已经身处半个娱乐圈的年轻人，却能够对这一类作品产生极大的共鸣。

4

为一部自己喜欢的电影等上 8 个月，陈坤可以。

这期间，他带家人云游四方，与自然相拥，或者慵懒于家中，读书写字作画，到了电影开拍前的一段日子，则需要让自己安静下来，变成电影中的"他"。

微博上，我们也时常可以看到他的"自省"、感悟，除了和好友的交流与自作消遣，亦有很多思辨的、富有哲理的文字。

"微博是很好的观察人的平台，在回答的短短几个字评论中，可以读到写者的视角和修养。所以，不用介意。好的不好的，其实都是来和我分享的。做人不易，其实这'不易'在宠辱不惊。这是自我应建立的人生态度。如果那么轻易就被外部节奏带走了，就说明我们的节奏还不够。"

——陈坤微博

Q：你看微博的评论和留言吗？

A：偶尔看，无论哪一种评价或者非议，对我来说，都仅仅是"一种声音"，不会让自己的生活方式产生很大的改变。

Q：我看微博上有人质疑你做慈善是在"作秀"。

A：我尽心尽力地去做，号召、宣传，如果真的能为需要帮助的人们做点什么，作作秀又未尝不可呢？

Q：你的好朋友 ××× 最近怎么样？

A：这你得去问她，我不想做好朋友的"代言人"。

Q：在你眼中，家庭意味着什么？

A：责任。

Q：最想要的爱的礼物是（什么）？

A：就是爱。

Q：你心中婚姻的样子（是什么）？

A：具有责任心的，准备好了的，一切应该是自然
而然的。婚姻是一种责任，你需要准备好了再去做。

Q：得等到最佳时机？

A：对，如果你觉得此刻的状态是好的，便没有必要因为世俗的观点，或者年龄的问题去组建家庭。爱应该是发自于内心，来自于最单纯的愿望。如果你的心告诉你现在还不是时候，那就不应该强求。

Q：跟我们分享一个人生经验吧。

A："我尊重你，你尊重我"，这是作为人的基本的态度。

大多时候，我只看到我自己，却无暇关注别人。旁人的悲喜，在我只担忧自己时，分外冷漠。过分抓住自己的得失，几乎成全着自私的肥大，在一天又一天的患得患失里，终究长成了一张冷漠的死脸。多感受别的人，用心地学会体会别的人，其实是我们都会的天性，可惜的是，忙着自己忘了别人。（并不是装圣人婊）

——陈坤微博

5

　　因为低调，他尊重别人的生活方式，包容不同的宗教信仰和态度，但这些与他是否是明星无关。"我尊重你，你尊重我，这是作为个体人的基本的态度，而不应该是因为我是明星，就有一个高下的区别。"

　　也因为低调，他不需要像一些明星那样用铺天盖地的八卦新闻来炒作自己。陈坤还很谦虚，甚至当年接到在众星云集的《建国大业》中扮演蒋经国这样一个重量级角色的时候因为害怕自己无法胜任而本能地提出"拒绝"。

　　所以这是一个不张狂的男人，这是他的本能，不是作秀。

一年有 365 天，顺利和不顺利相互占有着这段时光。一天有 24 小时，快乐和不快乐的情绪也在有限的时间里挤来挤去。2016 又有什么特别呢？日子还是一天一天过去，心情也要一点一点才能调整好，用已经过去的时间积累的经验再加上点未知和不确定，来炒一盘好菜吧。2016，我要炒一盘好菜。

——陈坤微博

摄影 / 尹超、梅远贵；图片提供 /《时装男士》杂志

"

噢以后有事可以找姐姐。

"

5

不知道有多少女孩从小就羡慕旁人有个姐姐，她可以和你玩耍，一起骗过爸妈的"监视"，可以换穿彼此的衣服，在谈恋爱时听取对方的意见，开心时一起打闹，失落时有个肩膀可以依靠，在你受欺负的时候她还会为你出头……

从这一点上来说，王珞丹是非常幸运的，她有个大她一岁半的姐姐。从小，姐姐就是她的榜样、她的玩伴、她撒娇的对象、她调皮捣蛋时候的保护伞、她自省时候的一面镜子。虽然她口口声声说自己从小跟在姐姐的屁股后面，是个"丑小鸭"，姐姐什么都比她做得好，自己穿衣服也专门拣姐姐剩下的，但从她的语气和表情中，你就是看得到她内心的快乐和骄傲。

姐姐王楚函，自小学习舞蹈，长大后热情地投入到瑜伽的世界中，同时也是一名优秀的电视节目主持人。和王珞丹不一样的地方在于，姐姐长着一双更大的眼睛，还是双眼皮。这让王珞丹从小就羡慕不已。

6

姐妹二人喜欢腻在一起，用姐姐的话说就是，她和王珞丹"睡了二十几年"，又因为年龄相差无几，沟通自然无障碍。

妹妹上幼儿园时期的确是"傻"一点，无论做什么题目，她都会问姐姐，比如，3加2得几？搞得爸妈最后只好硬性把二人分开，他们担心这样下去妹妹的智力发育会不太良好。

而姐姐一旦犯了什么"错"，被爸妈批评时，一定会打电话找妹妹求救，比如，姐姐狂打电话跟她说："坏了，咱妈和我聊着聊着天，突然就毫无征兆地撩起我的裙子，藏了一个多月的文身终于被发现了！"妹妹只能叹气，然后打电话跟老妈说："其实吧，文身也不代表就是坏孩子，你看那谁谁谁，不也文身了吗？人家是坏孩子吗？对吧？"俨然一副家长的口吻。

虽然，长大后在多数情况下，姐妹二人"平等"相处，但真遇到事了，姐姐就是姐姐，谁都改变不了。王珞丹上幼师那会儿，班上有男生暗恋她，那个年纪的男生还不懂得如何表达爱慕之情，就用一些反常的方式来吸引王珞丹的注意——欺负她。姐姐听闻，火速赶往学校，站在男生宿舍楼下就开始"宣战"——谁谁谁，你们给我出来！你们是不是欺负我妹妹？我告诉你们，谁要是敢再欺负我妹妹，有你们好看的！结果当然是没有一个男生敢出来，原因有可能是怕丢人，但更多的一定是被姐姐正义凛然的气势给吓住了。从此当然再也没有人敢欺负她妹妹。

Q：小时候谁更淘气一些？

A：我吧。我妈把糖藏在哪儿我都能找到。

Q：从什么时候起有"我有个姐姐"的概念？

A：一直就有。比如，我手贱嘛，就一直戳她戳她，直到她不能再忍了，就拿摩托车的头盔打我。哎呀，好痛呀！

初中，有一次同学出了点小状况，结果大家都以为是我有事。姐姐就问我说，你当时为什么不来找我呢？我才知道。噢，以后有事可以找姐姐。

Q：你小时候经常穿姐姐穿剩的衣服，这一点会有心理阴影吗？

A：没有。现在是我经常就会发现新买的衣服不见了，一打电话，我姐说："噢，是，我穿着呢。"

Q：你们在彼此初恋的时候有交换过心事吗？

A：那时候都是悄悄的，这两年才会捎带聊起初恋的话题。

Q：关于姐姐你最遗憾的事情是什么？

A：就是没有参与她的初恋，哈哈！

Q：听说你姐姐"相亲"是你给她把关？

A：对，她的幸福"尽在我的掌握之中"。女孩子在面对恋爱时，很容易变成小女生的心态，所以我就成了把关的人。暗中调查未来姐夫的背景、为人，然后在"相亲"时面审……

Q：如果真遇上一个很喜欢的呢？

A：如果真的遇上一个她爱得死去活来的，我肯定也不拦着。不过那个男的必须得对我姐好，照顾她、包容她。

Q：希望未来姐夫是什么样的？

A：如果哪天我姐遇到了一个对的人，那我一定会支持她，哪怕在这个过程中她会受伤。这个男的必须得成熟稳重，有一定的阅历和眼界，要让女生对他有仰视的感觉。最好是嫁给一个外国人，生两个混血宝宝，一定是两个，一个抱走，一个留给我，嘿嘿。

Q：你们平时会互相送礼物吗？

A：会啊，她挣了钱，就会给我买礼物，送了我一个特别酷的耳机。

Q：姐姐有考虑也去演戏吗？

A：我演卫子夫的时候，她就说来演我的丫鬟，我就说："不要啊，让我姐姐演我的丫鬟，我觉得好丢脸啊！"

Q：这么喜欢黏在一起，以后结婚了怎么办？

A：所以我不让她远嫁！有外地人追她我都给否了。而且我是"大款"，她都"傍"了我二十几年了，以后找也得按我这标准找。不过像我这样好的"大款"太少了，所以这也是她到现在还没嫁出去的原因之一，嘿嘿！

田原

新鲜感和不确定感让人着迷

Freshness and uncertainty makes fascination

"

极端的我不怕就怕中庸!

"

1

采访发生在田原发布第二张专辑的那一年。

新专辑问世，有必要回顾一下第一张。

隔了太久。

"很长一段时间不敢放第一张给自己听，总觉得太过稚嫩。"

2

那个时候的确是单纯。就像当初的乐队名字一样，是一场少年时期的游戏，纯粹地创作、全情地投入，毫无杂念。创作以外的部分都与她无关。

很多人觉得，她的创作是诡异的，从文字，到音乐。

她自己并不觉得。

3

新专辑招来恶评一片。是否用中文创作这件事也成了很多人关注的焦点。

这只是她一直在平衡的事，而不是重点。

在最初的创作中，英文成为首选并非是要刻意做到他人眼中的"新锐"，只是从小听的歌曲都是外国音乐，自己创作出来的音乐恰好用英语表达起来最为顺畅，一切只是自然而然。

毕竟是中国人，还是无法做到唱英文歌像唱母语那样自如。但是恰恰是因为有这种模糊的距离感存在，所以在写和唱的时候会有一种更微妙的感觉。

4

　　拍过一部特有意思的电影，因为没有剧本。演员都是到了现场才知道当天要拍什么。导演和编剧似乎总是迫不及待地给我们点新鲜感，很不靠谱。但是她喜欢这种不靠谱。

　　这种奇怪的工作方式让每一天都成为一种新的可能，甚至在晚上临睡前都会小小期待一下，因为根本不知道明天是什么样子。但又不必担心，因为大家都很投入、很负责地在创作一个作品。

　　这种新鲜感和不确定感让人着迷。

5

她去拍照，在有点凉意的户外穿着露膝的黑羽毛裙子。

拍照时，她特别害怕遇到感觉不对的人，害怕遇到有很多奇怪要求的摄影师。

小的时候曾遇到很多真的很不靠谱的造型师和摄影师，他们会花好几个小时把她搞得面目全非，然后要求她摆很多完全不适合她的各种扭曲的姿势。拍出来的肯定不是她自己，所以当年有很多她自己想销毁的照片。

6

她是白羊座。好的一面是喜欢尝鲜，不好的方面是没有耐性。

有人用"新锐"这个词形容她，她表示认同。这很符合白羊座的个性——总是希望能够保持一种新锐的状态，不断去尝试新的东西。

7

人们都说，没有追求的人生是毫无意义的。而她觉得，她的人生则应该是在不断尝试新鲜事物当中度过。

从最开始唱歌，后来写书、演戏，到现在做主持人，她想尝试的几乎都在尝试，简直太幸运了！

8

国庆日。电视画面在飘红，她在做素食。

"吃素，这个不影响健康、不影响食欲、不影响生活状态，同时也并不影响我接受周围的人吃肉。"

她只是不太接受那些"伪素食主义者"，他们吃一碗面，

184

上面飘着几粒虾米，还说那是素食；或者用素食材模仿成肉的模样，端到人面前有模有样地食用……很费解，同时也意识到应该努力让更多人对素食有一种观念上的认识和改变。

Q：有人说，你是文艺女青年。

A：我从小喜欢的、学习的东西都属于文艺的范畴，这是没有办法的，就好比是一种天性，这就是我的生活方式，我的爱好和我的一种表达的途径，而不是一种所谓的姿态。

如果这就是他们说的文艺青年，只要同时觉得那是好的，便是好的。

Q：真的很怕和极端的摄影师合作？

A：极端的我不怕，就怕中庸！不是我自己，所以不会舒服，也根本不会有好片子出来。

有很多造型师和摄影师根本不去了解被拍者是一种什么样的特质，只是一厢情愿地说："我要把你弄成什么样子。"不知道是不是因为在同一个教育模式下学出来的，或者是连业余都业余得相当一致——很多人是同一种套路、一种模式，忽略了被拍者的本色，失去了原本应该具有的力量。

其实和创作者的眼睛同等重要的，是他的心。

Q：再说说吃素。

A：我是环保主义者，除了垃圾分类、尽量不用一次性消耗品之外，吃素其实是对环保事业的一个最大的支持。前些日子收到一封信，来自于一个（20世纪）90年代出生的，我的粉丝，她在信中说，谢谢田原姐姐让她了解了吃素的真正意义。这封信让我心生愉悦，同时也知道自己所在做的这件事，是具备一定意义的。

Q：吃素难吗？

A：吃素并不难，难的是你需要放下一些固有的观念。

Q：你比我想象的要随和得多。

A：的确，有很多人看了我的作品，或者在看了某些媒体报道后，把我想象成一个很难搞的文艺女青年。

我并不在乎别人怎么说，因为我就是我自己。不管你是通过作品还是其他途径了解我，都未必是全部的我，就连我身边的朋友都不见得敢说完全了解我。所以那都是片面的印象。

但是作品必然是反映我自己的内心世界。写作是我释放自己的一个很好的出口。

Q：你给人沉默的印象，你平时爱说话吗？

A：我个人完全不具备任何攻击性。小的时候大概会更沉默一点，以至于给人冷酷的印象。但印象总归是印象，不是真实。

平时说话最多的时候就是接受采访。对朋友和家人也不会说很多话。我习惯在飞机上写字，我的文字作品有很大部分是在飞机上完成的。这种与自我对话的方式让我很放松。所以你在其中所看到的田原肯定是田原，但不代表我私底下就完全是那个样子。

不要武断地为一个人或一件事下定义。有时候你的眼睛也会欺骗你。

Q：你喜欢王菲吗？

A：我喜欢王菲，但不会去看她的演唱会。

她的音乐非常好，但是并没有对我的人生产生那么大的影响，对我来说不是那样的意义。

对我而言，只有 Smashing Pumpkins（碎南瓜乐队），他们对我的意义无法言说。

音乐创作中有很多个人的感情。在每个人的每个成长部分，你看到了什么、听到了什么，都会对自己产生很大的影响。Smashing Pumpkins 改变了我对整个世界、音乐的看法。当然，也包括你现在所看到的田原的一切。

Q：当上公众人物后的感受有什么不一样？

A：自从成为公众人物之后，会思索这个问题——自己可以带给别人什么？

这个问题很大，所以先从小我开始思考。很多事情我希望有自己的主张和意见，而且要自然，我不可能做一件让我不自然、不舒服的事。

所以最想告诉大家的是，不要迷信任何一个人或者一个机构，要有自己的标准、认知力和判断力。做好你自己才是最重要的。田原是这样的，希望你也是。

Q：什么是新锐？

A：怪的东西、不一样的东西、受人瞩目的东西、"有范儿"的东西……就是新锐吗？我觉得新锐不应该是按照年龄或者一个什么标准去衡量的。应该有一种开放的态度。任何所谓的"范儿"都应该是自然的，才是持久的。所以新锐对我来说，就是不断地做自己，尝鲜。

Q： 知道自己的缺点吗？如何克服呢？

A： 当然知道，比如，当自己开始意识到没有耐性这一点的时候，就要努力让每一件事都成为完整的、深入的、优秀的事。

Q： 最近有什么新鲜的事？

A： 我现在开始尝试跑步。跑步是一件很枯燥的事，但是对于磨炼人的耐性很有帮助。每天都跑长一点点，从开始的十分钟到半小时，一边跑一边思考一些事，慢慢地开始享受这个过程。从小到大都情绪化的我，希望克服眼前的种种困难，让自己去改变，朝着好的方向改变。

图片提供 /《风度 Men's Uno》杂志

方大同

良好的生活习惯是事业成功的开始

Good habits is the start of a success career

红色西装、白色棉衬衫衬衫、深色长裤HUGO

"

爱是彼此理解。

"

1

从他的眼睛里我看出了两个字：冷静。

他站起身来和我握手，修长的、柔软的手。

个子比印象中高很多，但比照片上还要瘦。

他坐在化妆椅上，直起身子，双手握在一起，有一点小小的拘谨，有种"采访开始了"的感觉。

2

"小方"的黑眼仁很大，从始至终都透着冷静，只是他对此不很自知。

一个人的眼睛是不会骗人的。他惊讶于我的总结，并征询了一下身边人的说法。询问的时候眼神也没有一丝变化。

——他只在舞台上疯狂，不管是大舞台还是小场子，那个时候他最不像"他"，却是最真实和疯狂的"他"。

还没有变成"很会与媒体打交道的多面手"，我喜欢他的这副真实模样。

面对一些问题，他的没话说不是因为真的没东西，而是这件事对他而言不是问题。他不会为了"完成任务"而冥思苦想，然后一定要给你一个"答案"，有就是有，没有就是没有，好就是好，不好也不会变成好。

3

他谦和、礼貌、平静，充满正能量。从不想乱七八糟没有用的事，沮丧情绪最多滞留 5 分钟。

朝夕相处了数年的工作人员几乎没有见过他发火甚至焦虑的时刻。哪怕是演出中出现问题，他也仅仅会咬着牙说几句"为什么会这个样子，不应该啊"之类的话，然后很快投入到新的演出中去。

4

尽管有时也会被人说成太闷、太乏味，但同时也会有气味相投的人觉得他有趣。

我想在音乐这件事上他一定是很有趣的。

对方大同而言，最好的表达方式就是音乐。

我很直言不讳地说，我在你的微博上看不出太过明显的个性特征。但他不是一个没有个性的人，也并不刻意隐藏自己。

对于有意义的事情，就认真做。

做事的原则是，事情本身具有的意义，为了这个"意义"，必须要保持事情应有的样子。

5

他的外表是可爱的，像个大儿童，细脚伶仃地站在那里，让人很想把自己变成一个小朋友，然后过去跟他说我们一起玩吧。

但你知道外表这东西是很会骗人的，方大同的身体里住着一个从小就冷静异常的"成年人"，他可不会像其他小朋友那样幼稚可笑，很像某些电影中的天才儿童。但"神童"谈不上，他跟我说，似乎从很小的时候就知道自己以后要做什么，十四五岁时便立志要做音乐人，虽然不知道今后会用什么样的方式来做，但机会总是会有的。而童年时期频繁地搬家，对他并没有造成困扰，反而使他看到更多面的人生。

6

说到星座，他也并不是很懂，连出生时间都不清楚的他估计很难知道自己"星盘"的全部信息。

于是说到性格特质，问他是否有洁癖、是否有完美主义倾向。

他说洁癖这回事似乎是有的，比如洗手，每天会洗很多遍，回到家马上要洗手，觉得不干净了也要马上洗，触碰乐器前如果手上有油一定要清洗干净才可以。

巨蟹座的人大都居家，有整理控，有些许强迫症，方大同有时候也如此。

不是有那句话——良好的生活习惯是事业成功的开始？

Q：你是从什么时候开始想做音乐的？

A：很小的时候，就知道自己以后要做什么，十四五岁时便立志要做音乐人。虽然不知道今后会用什么样的方式来做，但始终坚信：机会总是会有的。

Q：能讲讲你的童年吗？

A：我记得就是频繁地搬家，不过这种不稳定并没有给我造成困扰，反而让我看到更多面的人生。比如，在一个地方的人会不喜欢另一个地方的人，而你恰恰是从另一个地方搬来的，你听见他们的话，会觉得有一部分说得对，但也有许多出入，你就会思考这件事。因为地域、文化的特色和限制，人们对于其他地域或者事情的判断总是主观的，这件事很有趣。

Q：很多人喜欢你是因为你的简单真实。听说你还滴酒不沾，尝试吃素。

A：真诚是一切的基础。有了这个原则，平日里的许多烦恼都像是"自讨苦吃"。

Q：你刚出道时，被媒体评价为"香港周杰伦、香港陶喆"。但听说你和唱片公司的"谈判"断断续续持续了五年。人生中最好的五年，换了别人，可能早发疯了。

A：等待需要时间，只要不虚度，不急躁，不放弃。那段时间，我其实也没有虚度。我给母亲的英语培训机构创作了上百首音乐，并录制了英文教材。

Q：你相信星座吗？

A：不懂。我有时连自己的出生时间都不清楚。

Q：你是巨蟹座，有洁癖吗？完美主义倾向？

A：洁癖似乎是有的，比如洗手，每天会洗很多遍，回到家马上要洗手，觉得不干净了也要马上洗，触碰乐器前如果手上有油一定要清洗干净才可以。

我相信那句话：良好的生活习惯是事业成功的开始。

Q： 这十年，你自认最大的成就是什么？

A： 谈不上什么最大成就，如果说一点成绩的话，唱片和奖项或许可以算。另外，我自己很开心的是拥有了一个属于自己的录音棚。

Q： 十年前和今天，你的心境经历了怎样的转变？

A： 好像没怎么变化，十年前，我还没有出道，也不着急，因为知道一定可以签约。

现在的心境并没有因为我做了歌手或者取得了一些成绩而发生大的变化。我还是那个我。

Q： 你对爱的理解是什么？

A： 爱是彼此理解。

Q： 十年中，你最后悔的事情是什么？

A： 没有。很少后悔。即便有什么事情是不够完美或者没有达到预期目标，我也只是会去找原因然后尽量弥补，后悔是没有用的。

Q：接下来，有什么计划和打算？

A：需要"休息"，这些年来一直忙于工作，忽略了许多生活的细节。

一味忙碌无非是想要一个美好的人生，但走过了一圈后发现，"立刻休息"才应该是享受人生的状态。

摄影/童梦；图片提供/《风度 Men's Uno》杂志

杨幂

好的爱情让你的世界更宽广

Perfect love makes your world extensive

"

我现在心态特别好，

不焦虑，

也不惶恐。

"

1

一大清早开工对于任何人来说都不是件开心的事，很多人可以拒绝早起，但有一种职业永远不能拒绝早起——那就是艺人。

问杨幂平均每天的睡眠时长，她答不出准确数字，但可以肯定的是，时间永远不超过 6 个小时。

"最多的时候一天 8 个通告。"她用稀松平常的语气告诉我。

2

名利双收，看似一切顺理成章，尽如人意。但不管外界投来或羡慕、或嫉妒、或不解、或质疑的眼光，她依旧镇定地做自己的事，认真地对待每一个工作，真诚地对待身边的伙伴和同事，依旧每天只睡几个小时、赶往很多个地方。

她只用两个字来总结取得这一切成绩的原因：努力。

我问杨幂："你的成长经历到底是什么样子的？"她顿了一下，说："就是你们所看到的那个样子。"

3

早些年，《快乐大本营》录校花、校草专辑，杨幂作为电影学院的校花与"中戏""上戏"的两名校草上台PK。杨幂在现场的机灵反应给人以鲜明的印象。

后来有很多人诟病杨幂讲话太过于直接，甚至对同台的其他人有"人身攻击"之嫌，她直言：

"那是作为那个时期我的状态的反映，有些过于直接。现在相对收敛一点，不过，不是因为太直接而吃过亏就不敢说真话了，而是因为自己成长了一些，渐渐意识到有时候一些无心的玩笑话可能对于他人来说是很重要的，无形之中就伤害了别人。我这个人不会有什么遮掩，但这也是我自认真诚的一面。我不喜欢虚伪的人和事。"

4

杨幂是处女座，月亮、上升和掌管工作的星座都在摩羯。

有人说，处女座一辈子都在准备，而摩羯一辈子都在工作，那么杨幂则是"一边工作着，一边准备着"。

这个女子并不因此而显得疲惫，也从不叫苦连天。

"大概是做了太久的小演员，能够走到现在，很珍惜并且感恩眼下的一切。而且身为演员，成长的过程相对比较集中，也看惯了圈子里的浮浮沉沉。很多人上来得快，消失得也快。要想始终处于好的状态，就要一直做最好的自己，就要一直一直努力，不能松懈。"

问她是否会在一连串的忙碌过后于深夜中独自叹息，她笑道："哪有时间叹息，回到房间倒头就睡，因为实在太累了。根本没有时间去抱怨，也没有理由停下来去想这些。"

5

乐天、积极、认真、工作狂……在她的身上你很难看到弱点和阴影，不管是因为父母对其"放养"式的教育，还是后天自我努力的修行使然，我都要说，这是一个内心极为强大的女孩。

她对待工作、生活的热情与自信在每次的采访对话中都深刻地感染着我。

外界对于她的评论、工作带来的强度与压力，都仿佛不具备任何的重量。

她就那样镇定自如地奔向远大前程。

Q：怎么看待名牌？

A：不管是不是名牌，贵重或便宜，最重要的是穿适合自己的服饰，比这一点更重要的是自信。

我在意大利看到一些美女，她们化着精致的妆容，穿着薄纱裙和高跟鞋，戴着大耳环，却骑着自行车，她们的气质和自信让这一切看起来十分自然。

Q： 曾经有人说你像范冰冰，你会生气吗？

A： 范冰冰是大美女，工作也很努力，和我一样是处女座，我很喜欢她，被指像范冰冰，我很开心。我会觉得这是一种褒奖。

Q： 心态真好。

A： 我现在心态特别好，不焦虑，也不惶恐。

Q： 什么是理想的恋爱？

A： 理想中的恋爱，最好是由朋友培养而来，比较排斥相亲那种目的性很强的行为。"一见钟情"这个词不属于我。有的人一谈恋爱就容易变得小心翼翼，很怕失去，介意很多，动不动就闹脾气。这不是一个好的感情方式。好的爱情一定会让你的世界更加宽广、让你的朋友更多、让你更加热爱生活。要有彼此的空间，要有各自的朋友圈子，这种默契一定是建立在彼此信任的基础上。

Q：什么是理想的伴侣？

A：理想的伴侣，一定是有些不同的东西，希望他能够教给我一些我不会的东西，懂得比我多，看得比我远，能够理解我的工作。要 hold 得住我才行。

Q：什么是好的婚姻？

A：某种意义上来说，婚姻需要冲动。现实有很多需要考虑的烦琐之事。但正如我们每个人的成长一样，琐碎又自然，每个阶段总归要考虑一些事情，但是回过头去看就会觉得一切都是顺其自然的。

Q：你是完美主义者？

A：我是完美主义者，但肯定不是所有事都能做到完美。任何事准备得再周全，也总会有预料不到的问题发生。重要的是遇到问题如何去解决。要学会自己解决问题，抱着好的心态，就算没做好准备，问题来了你也一样可以解决。

Q：怎么看待明天？

A：你真的不知道明天会发生什么样的事、遇到什么样的人，所以最重要的是活在当下，对得起自己，开心。

Q：难道真的没有什么害怕的？比如，会失去什么？

A：我一点也不害怕失去。任何的失去都只是形式上的转换。在失去的同时一定会有什么东西补给你。即使是一些经验教训，也是一种得到。

摄影 / 邵迪；图片提供 /《时装》杂志

212

张亚东

最享受的时刻，是回到家里坐下来一句话都不说的时候

The perfect moment, is when you go home and sit, and needn't one word

>

给我一点时间，

看看书，

学习学习，

是件很享受的事。

"

1

他像是一株温室里的暗绿色植物，安静地待在房间角落，任凭身上斜晒过一缕裹挟着跳跃灰尘的阳光，一半是明，一半是伤。

这种中间状态，张亚东称之为"暧昧"。就像他所钟爱的音乐类型，不严肃悲怆，也不过分活泼，没有太明确和激动的表现，总是处于中性的调调。

他说，中性的音乐能带给人思考的空间。

正如他，内心波涛汹涌，表面安稳无漾。

2

他是亚洲顶级的音乐人，也是歌手，还是个导演、摄影师……总之，有点"不务正业"。

他有一段时间特爱拍微电影，醉心于视听结合的世界里不能自拔。

2012 年，他出版了一本特别棒的摄影文字集《初见即别离》。在他镜头之下的世界安静、孤独，却又散发着生命的光泽，彰显着无数的可能。

3

我们合作的时候，是在筹备他的多媒体音乐话剧，虽然这个项目最后因为客观原因而流产，但是我希望今后我们还会继续合作。

他随和，耐心，认真，富有想象力。开会时，他会用很形象的语言表达自己的观点，往往在他描述过后，画面就自然地呈现出来。他说自己不擅长写字，他把文字都藏在了音符和影像中。

这不是唯一一次写他，也不会是最后一次。

Q：每天都在忙什么？

A：对于音乐制作人来说，每天要干的最多的事显然是听音乐。除此之外，我每天的生活都在看书、开车和打游戏中度过。是的，很多习惯自己和自己玩的人都热爱电子游戏，不用说话，不用关心世事，也不用真正付出代价——这似乎是一种很好的与世界保持距离的方式。但在我看来，打游戏是为了休息，更准确一点说，是为了使做音乐这件事更有灵感。当你想要创作的时候，脑子一直都在转，无法停止，这其实对创作很不利。一些爱好，比如运动，会使你放松，有助于思考，但是我不爱动，所以就待在那儿，打游戏。

Q：那经常熬夜吗?

A：几十年来我都是日夜颠倒的作息。我热爱夜晚，夜里比较安静，没人找，这样我能够更放松、更投入地做我的事。

我个人比较偏爱暗色的事物，不喜欢具有强烈、刺眼光线的东西，不管是文字、音乐还是摄影作品，我都是喜欢密度高一些的作品。生活中也如此。

Q：什么因缘促使你走上音乐道路?

A：我妈妈在剧团工作。在我还是个婴儿的时候，她会用一只篮子带着我去演出，这是我对音乐最初的记忆。一岁生日时就能完整地唱《红灯记》。十二三岁的时候，我无意中听了一盘古典音乐的卡带（至今已想不起卡带的名字，也无从寻找），那里面的音乐真正地影响了我。那是我第一次意识到自己今后要走音乐这条路。

Q：音乐对你来说是什么?

A：音乐是一种瘾。但更准确地说，音乐于我是一种技能，在其中我可以游刃有余，并且可以一直做下去，这就是所谓"瘾"的成分。

在现实中，很多时候人经常得不到满足，但在音乐中我能够感受到精神层面的东西，它带给了我更为丰富的内容。

但是音乐这种瘾，你必须和它保持适当的距离，太过接近不一定能够做好，跳出来反而能获得更多。所以对音乐不能过分依赖，要知道你首先必须是个完整的个体。而且音乐只是我诸多爱好中的一种。

Q：什么是好的音乐？

A：音乐会对人产生作用。如果你真的热爱音乐，你对很多事情的态度会渐渐变得不那么绝对。我对音乐没有特别强烈的好恶，很多类型的音乐都是能够接受和理解的。

我所谓的好的音乐，就是处在中间点的、不偏激的，同时具有很强包容性的音乐。这种中间性具有暧昧的色彩。

Q： 音乐能给人带来什么？

A： 有人迷恋音乐，是纯粹的欣赏。当然它可以成为一种"瘾"。但是大多数人的"瘾"，都好像是为了逃避什么。

做音乐对我来说，并不能带给我真正的放松。音乐成为职业，那些真正意义上让你放松的东西就不见了。所以音乐对我来说并不是大众意义上的"瘾"。这有时会成为一种心理负担。

所以你要很清楚这一点，并且让做音乐看起来没有什么特别之处，它只是一份工作。

Q： 你有多少乐器？

A： 我的第一件乐器是把大提琴，当时家里比较穷，就只能拿一把跑风漏气的琴来学。

从做音乐起我就开始收集乐器。当看到好的乐器的时候，我就有想弹奏它和拥有它的欲望。我有时会把乐器当成人，遇到 TA 的时候需要缘分，接下来便要与之相处和交流。

我收集得最多的是吉他和老的键盘，到现在为止我收集了上千件不同种类的乐器。

有一段时间我热衷于收集一些古老的乐器，看着它们的时候，会感受到那种沧桑，我不知道它原本的主人是谁，发生了什么事而要把它卖掉。每个乐器都拥有它自己的故事。

Q：不同的乐器会给你带来不同灵感吗？

A：当然，一个好的乐器一定会带给你灵感。人不是随时随地都会有灵感，但当好的乐器发出声音，会带给你不同的感受。来自不同国家、不同音色的乐器，它所传达的感受也是不同的。你可以想象一件乐器身上发生的各种故事，它原本的主人和它所处的时代，可以有很多想象的空间。

Q： 数量太多，会不会成为一种负担？

A： 当家中的乐器多达上千件，很多都被束之高阁的时候，我开始反思自己对待乐器的态度。"瘾"到了极致，也成了负担。有一次，我回到原来的录音棚，打开遮盖乐器的布时，突然有点难过，因为那些乐器很多都是我不远万里带回来的，但是几年里头我都没有时间理会它们。所以这一两年我开始不怎么收集新的乐器了。当你拥有特别多的乐器，却不去使用它时，这就变成了一种纯粹的占有。所以我开始把乐器送给一些我喜欢的优秀乐手，让这些乐器的故事和价值得以延续。

Q： 如果不做音乐了，会想过什么样的生活？

A： 如果不做音乐，我比较想过小地方的生活，我不喜欢大城市。这个小城市一定要有它自己的品质，要安静一些。我是个喜欢学习的人，天生就有那种当学生的欲望。给我一点时间，看看书，学学习，是件很享受的事。

Q：彻底远离公众和媒体？

A：面对公众和媒体，我变得比从前能说了，但其实语言并不那么重要，很多话都是废话。

很多话，说出来就不对了，有时候，说了一整天，试图实现自己的价值，但最享受的时刻，却是回到家里坐下来一句话都不说的时候。

Q：一个人，更容易面对自己的内心？

A：当我悲伤地面对那些蒙尘的乐器时会想，为什么我们都这么忙碌？为什么没有时间坐在那专注地做一件事？

随着年龄大了以后，很多人会发现，并不是你所拥有的越多越好，会对曾经的"贪念"进行反思。发现对某些物质的需求并不那么必要，转而开始崇尚一种"减法生活"。

比如，有的人很穷，只有一把吉他，但做出来的音乐却同样能感动别人，所以优秀的作品和丰厚的物质并没有必然联系，关键在于做音乐、做事的心。

Q：那还有什么特别想追求的？

A：没有。其实我真正的"瘾"是爱吃辣，想吃的时候吃不到，那才叫痛苦呢！

赵又廷

除了自己内心的安定和强大，除了加倍努力，那些外部的东西不能帮到你

Nothing external can help, except your own strong heart and great effort help you

"

我有没有尽全力?

"

1

演艺圈不乏"子承父业"的成功典型，似乎在公众眼中，演艺圈真的是一个"圈"，但凡有一个厉害的老子，老子又倍儿有面子，叔叔阿姨哥哥姐姐集体来帮忙，那个"天之骄子"便被保护着、被抬举着，顺理成章地成为被瞩目的焦点，继而人生圆满，功绩辉煌。

赵又廷，花了很多时间去为自己摆脱这个"光环"。

2

他的内心充实而强大，人生观、价值观出乎意料地"完整"；他厌弃所谓理论，理性和现实到你所不可想象的地步。

走进了他的世界，才会明白，他不简单。

有些偶像是天生的——你无法捏造他，更无法摧毁他。因为他不是一尊只供人观赏膜拜的"像"，他说他是自己心中的神。

3

他一直都不觉得自己是什么动作明星或偶像派，只是想认认真真地当个实力派演员。

做偶像派的话，要背负很多东西，要顾及很多事情，要保持形象，永远都要帅、要好。他不希望喜欢他的人对他是这样的认知。希望FANS知道他是个真实的人，有很多怪的地方和缺点，希望他们真正了解他这个人。

4

当明星真的很累。

他是个不太急的人，喜欢慢慢来。

他时常在想，如果人内心很空的话，那他还能给外界什么？但是一个一个好的机会来临，就很难狠下心来真正休息。这是矛盾。

他没那么聪明，不能兼顾那么多事情，只能一心一意做好眼前的事情。

如果能有一个假期，一定先到一个热带的地方好好晒晒太阳，在海边静静待着，什么都不想，什么都不做。

5

被人说长了一张宅男的脸。

的确,他是标准的宅男,没事不出门,最多是运动、健身、看电影或打电动,几乎都在房间里面。

6

他觉得自己的脸一直在变。
演员,真的会受角色影响。
"吴英雄"那段时间,就真的很"警察"的感觉。
而拍《艋舺》的时候,就变得很忧郁、孤僻。

7

有人说演员的心老得比一般人快，因为要在很短的时间内经受别人很难经历的感受。

但他觉得，这恰好也是演员幸运的地方。

Q：说说你的理想。

A：我从小就是一个没有理想的人，不知道想干吗。开心就好。长大了也没有。现在因为已经在做这件事情了，那就把它做好。

Q：爱情、家庭、事业，对你来说哪个更重要？

A：如果非要我在爱情、家庭、事业里选择，其实我随时都可以抛开这个事业。

Q：什么是成功？

A：人们总是会问你觉得自己成功吗，什么样的人生才是成功的。我的答案是"不会成功的，尤其是演戏这一块"。你越演会越发现有更多的无限可能性。成功可能只是针对某一个点来说。我有没有尽全力？有没有达到这个角色所要呈现的东西？有没有对它负责任？如果我有，那就算成功。

Q：你平时思考人生大问题吗？

A：我们为什么活着，活着的意义到底在哪里？我觉得如果每天晚上想这个问题，就会睡不着觉。我觉得活着没什么意义。何必要找一个所谓的意义让自己活得太累？你活着开心就好，为什么不能把自己保持在一个开心的状态，保持善良、体贴，能够帮助别人，不就很好？

Q：你快乐吗？

A：我很快乐。

Q：是乐观主义者吗？

A：我是先天性悲观主义，后天改成乐天。

Q：你的爱情观是（什么）？

A：我是一个很知道自己要建立一个家庭的人，我很需要这个。那是人一生必须要做的事情。你只有建立了圆满的家庭，有小孩，你才会完整。

我的爱情观比较偏向于平淡，我觉得幸福和快乐就在日常生活中，不喜欢惊喜，不喜欢轰轰烈烈，喜欢简简单单。

Q：跟我们分享一个你的人生心得吧。

A：有时候，我们会想，自己可以做点什么，或者我有能力选择不去做什么。有时候，我们会想要有神灵的庇佑，助我们一臂之力。但其实到头来你会知道，除了自己内心的安定和强大，除了自身的加倍努力，那些外部的东西远远不能真正帮助你。因为只有你自己才是自己的神，别无他法。

摄影 / 柳宗源；图片提供 /《时装男士》杂志

姚晨

做好分内的事，其他交给命运 Do your own duty, give other things to fate

"

我觉得人越好的时候，

越要居安思危。

"

1

姚晨是一个能够带动愉快氛围的人，认真地听你说话，认真地思考、回答，这种良好的互动让谈话呈现出一种老友相谈的氛围来。

她是个非常聪明的女人，清楚自己的大方向，不拘泥于小事，处世低调、内敛，对身边的朋友和工作人员热情而认真，这些都为她赢得了相当不错的好人缘。

2

一件浅灰色 Tee，一条水洗牛仔裤，光脚穿一双平底罗马凉鞋，清爽自然。

若一个人的气质是立得住的，所有的服装饰品都只是得当的陪衬，不是吗？

从一开始闯进我们视线的角色"郭芙蓉"，到现在的"时尚女王"，姚晨不断地颠覆着从前的自己。在有了更多的创作和选择空间之后，她开始更加坚定、勇敢地做自己。

3

《青蛇》中的袅娜女子经过了千年修行，终成人形。"修炼"一词也被用在很多演员身上，比如"小青"张曼玉，年轻时被人讥讽为"丑小鸭"，年纪渐长后却成功修炼为优雅的代名词，得千人敬仰，受万人宠爱。

但关于气质的修炼，姚晨却从未刻意想过。对她而言，几年舞蹈学院的专业训练、四年电影学院表演系的科班培养，敌得过任何一种刻意的"修炼"。

最初的兴趣培养，不具有任何功利心，而在舞蹈和表演中得到的自我释放和角色体验，则是异于常人的成长方式。

4

"我真的很幸运。"的确，好运气一直伴随姚晨，她从不否认这一点，并不像很多艺人那样强调自己如何努力、如何不易。她也不会说"机会总是垂青有准备的人"这样的话。

关于幸运，她说："做好分内的事，其他的交给命运。"

5

我曾在京城著名的地下摇滚演出场所 MAO live house 偶遇姚晨，那天的她穿着文艺范儿的格子衬衫，一头乌黑的长发简单地用发箍束到脑后。后来知道那是她为了某个摇滚题材的电影而去体验生活（后因接拍《潜伏》而放弃）。

6

姚晨小的时候很自闭，经常在图书馆看一整天书，屁股都不挪一下。

读书造就智慧，内敛使人思考，姚晨属于内心非常有主意、有自己的一番人生感悟之人，关于人生和事业她都有自己的独到见解。

在我用"智慧"二字形容她的时候，她竟然不好意思起来，赶紧说："可别给我扣这么大的帽子。"

她自觉是个笨人，是反应很慢的那种。

"我没有那些小聪明的东西，有时候挺羡慕有小聪明的、反应很快的人，面对一些问题可以对答如流，做到分寸拿捏掌握得很好。我没有这些东西，你问我什么，我会很往心里去，很认真地回答。因为我当下就是这么想的。"

Q：科班出身，有什么不同？

A：这些在成长过程中耳濡目染的训练，其实就是一种并不刻意的"修炼"，所以从舞蹈学院或电影学院出来的人，往那一站就和普通人有所区别。

Q：气质就不一样？

A：气质，很难去解释。我只知道，从不刻意为之。

Q：很多人现在看到你，还会想起"郭芙蓉"。

A：我从不觉得某个角色的形象对我来说是个限制，这是我的角色，观众十分认可和喜欢这个角色，我很骄傲和自豪。

Q：翠平呢？

A：这个角色更为成熟，是个大女人，小郭（郭芙蓉）只是个小女孩。

Q：一个喜剧，一个悲剧，你更喜欢哪一个？

A：人生是由悲剧和喜剧交织而成的，悲剧的最高表现形式就是喜剧。

Q：你是文艺女青年吗？

A：我其实不太喜欢"文艺女青年"这个词，"文艺女青年"总显得有那么一点不够现实。

我觉得可以保持一颗文艺女青年的心，这种心还是挺纯净的，有一种对美的追求。有追求的人，对自己的要求也会高一些，不会那么物质。

文艺更主要的是一种心境，并不会为了文艺而文艺。

文艺是骨子里的，是你想甩也甩不掉的东西。

Q：你是天秤座，遇到事情容易犹豫不决？

A：有些时候，犹豫并不是坏事，越重大的事就越是要权衡再三。犹豫，是你对自己和对他人的一种负责任。会犹豫，恰恰是因为你会换位思考，会替对方着想。

Q：你一直很低调。

A：我觉得人越好的时候，越要居安思危。人生是波浪线，到达顶点的时候，就要往下走了，一定是这样的。所以就低调点吧。

Q：现在怎么挑选剧本？

A：以前拍戏都喜欢贪大，现在发现不管是什么题材、不管情节是否曲折，真挚是最重要的，唯有真挚才能打动观众，所有那些虚张声势的东西统统不重要。观众不是傻子，能否打动他们才是最重要的。

Q：你是贤妻吗？

A：人只要是结了婚就应该有正常的家庭生活，买菜、做饭、洗衣、做家务都是再正常不过的事。

Q： 如果有一天真的因为强烈的冲突而必须在家庭和事业之间有所取舍，你会放弃一些工作吗？

A： 如果因为家庭的原因真的需要我这么做，我想我会的。

Q： 你很会穿衣搭配。对你来说，什么是时尚？

A： 时尚就是真正适合你自己的东西。

Q： 你的微博粉丝量很大，有人叫你"微博女王"。

A： 其实我觉得微博是一种消遣，自己是用玩的心态、用真诚的态度与大家进行交流的。如果把它当成一种任务、一门功课，那你所呈现出来的状态就是拘谨的、是不对的。只有放松和真诚才能打动别人。

我不太喜欢"女王"这个称呼，但是，从这个称呼也能看出来，大家信赖你，希望你为更多人带来什么，让我更具责任感。

Q：你怎么看"国际化"？

A：艺术本身就是无国界的，从美术到音乐再到电影，是表达内心的一种东西，不跟任何其他意义挂钩。人们总是用音乐、用画和电影去跟这个世界其他角落的人交流。国际化应该是一种好事，但也要用很平和的心态来看。

Q：真的能做到淡看名利？

A：我不能说自己就如何高尚，也不能说我一点都不求名求利，任何人多少都会有一点争强好胜的心。谁不想赚钱呢？做演员谁都想过出名，只是多与少的问题，要拿捏好一个"度"。身处这个行业，演员先得学会自我满足。

Q：如果你是记者，最想问现在的姚晨一个什么样的问题？

A："姚晨，你还好吗？"

摄影 / 韦来；图片提供《时装》杂志

吴亦凡

永远有更多的东西去体会、去学习

Always curious to learn and experience

"
和所有人一样，
我们都需要努力。
"

1

首先要解释两件事，"无处不在"和"四次元"——

吴亦凡的确无处不在，从他回国发展的那一天，到百度百科上一连串的重量级作品名单，从身价飙升的广告代言，再到一个又一个"第一次"的时尚杂志封面，你无论如何都不可能将自己的视线从他身上移开，确切地说——无法从他的脸上移开。

而"四次元"之说，对粉丝而言，无须过多解释，吴亦凡冷峻贵气的外表下，那个跳 tone 的灵魂，已经使四次元的特质昭然若揭。

2

面庞俊美，身材颀长，眉头忧郁，嘴角倔强，打一手好篮球，唱歌跳舞更不在话下……简直没有比这更美好的形象了。

我不知道吴亦凡的女粉丝是否都是漫画迷，但我可以肯定的是，不管她小时候读的是安徒生童话，还是日本漫画，在她的故事里，自己一定已经和吴亦凡"私订终身"了，他就是自己的白马王子。

总之，这位"二次元男神"虽然一再宣称自己并不十分在意面孔，也还是难以逃脱"明明可以单靠才华，偏偏也需要靠脸吃饭"的命运……

3

是的，你什么都不用做。

站在那里就好看。

Q：你最喜欢谁？

A：流川枫！因为他很厉害，还挺帅。其实《灌篮高手》影响挺大，促使很多年轻人开始打篮球。我也是一样的，看完以后我说必须要打篮球，篮球一直是我的一个梦想。

Q：打篮球时应该是很快乐、很忘我的吧？

A：会，非常忘我。因为篮球是非常讲究团队感的一项运动，在那个团队的氛围里你会结交很多朋友、兄弟。大家在球场洒着汗、非常热血的那种感觉，是非常过瘾和珍贵的。那也是篮球最吸引人的地方之一。另外，就是进球的那一瞬间，很有成就感。

Q：现在还有很多时间打球吗？

A：我昨天刚打了篮球。但是现在比较忙，打球机会比较少了，可能一个月也就一两次。

Q：篮球技艺会因为长时间不打而生疏吗？

A：其实会，因为我很长时间没有打，跟以前的状态相比已经判若两人了，生疏了很多。以前那会儿打得还算可以。

Q：小的时候会幻想自己成为流川枫那样的人吗？

A：会啊。我一直以来都特别想打职业篮球，这是我一直以来的梦想。但是因为长不到一米九，家里人的意见也是说还是好好去学习读书吧，（吃）运动这碗饭可能也是很辛苦，所以还是不得已放弃了这个梦想。

Q：你是天蝎座，外表貌似高冷，内心其实是很逗比的对吗？

A：哈哈，也许有一点吧，因为天蝎座就是一个外冷内热的星座，越熟悉越放得开。

Q：你是从多大开始会穿衣打扮了呢？

A：从我入行之后吧。不过其实我从小就挺爱给自己买喜欢的衣服的，包括我在加拿大生活时，一帮朋友特别喜欢嘻哈音乐，我受到嘻哈音乐的熏陶，从小就穿特别肥大的裤子。

Q：会是那种露半截屁股的吗？

A：呃，（尴尬地笑）当时也会有这种，不过后来就没有了。

Q：后来找到了自己的风格。

A：对，我现在有非常明确的自己喜欢的风格，我喜欢特别街头嘻哈的，偶尔也搭配摇滚的元素。

Q：你会去研究自己哪个角度最好看吗？

A：不会啊。

Q：就完全不在意这个吗？没有偶像包袱吗？

A：我也看不出来啊，我看不出来哪个角度好看，我觉得哪个角度都好看（这简直是最高级的自恋了吧），我不是一个特别在意脸的人，我比较在意全身的搭配。

Q：相比"完美"的照片，你好像更喜欢有情绪的那一张？

A：对，不知道为什么，很多时候大家喜欢就是很正常的一个状态，但是我喜欢一些不一样的。我喜欢有点内容的东西，可能不一定帅，但是有内容。

Q：比如说某些作品中的残缺美才更打动人。

A：是的，太完美就没意思了，美的东西一定是有缺陷的。

4

拍摄时，我一直盯着他的眼睛。这个 25 岁的年轻人，抬头、低眉，有种不可一世的美。

但他的微博可谓是跳 tone 异常，没有那种令人捧腹大笑的包袱，却处处显露幽默感。

我曾一度很怕和"偶像"对话，很怕从他们口中听到同一性很强的回答，像是超市货架上那种包装精美但味道都差不多的巧克力糖果，毫无悬念。

但是吴亦凡比较像跳跳糖，你不知道他什么时候会跳起哪一颗来，有一点惊讶，也有一点调皮，是自 high 型人才。

而且，他说自己还是小孩性格，有对未来充满期待和好奇的年轻心态。

Q： 你说自己是四次元思维？

A： 就是我会完全不跟别人在一个频道里面，说的东西可能他们会听不懂，很冷的笑话之类的，他们的反应会比我慢半拍。

Q： 认为自己身上最优秀的品质是什么？

A： 比较坚持吧！周围人觉得我是一个比较有主见的人，执行力会比较强。

Q： 怎么看待你一路走来的状态？

A： 和所有人一样，需要努力，天上掉馅饼的事是不会发生的，要靠自己的努力，每个人都是一样的，要坚持。

Q： 希望自己成为一个什么样的人？

A： 我一直想要成为一个坚韧淡定的人，我觉得自己还不够。

Q： 遇到事情的时候你会慌吗？

A： 那倒不会，就是尽可能让自己变得更加淡定，我觉得人生是一个无止境学习的过程，永远有更多的东西去体会、去学习。

Q： 你应该出一本励志书。

A： 我有想过。

Q： 现在也可以，你平时的语录就可以记录下来。

A： 因为我从小就看很多心灵鸡汤的书，可能也是我成长环境的原因，小时候我特别内向，不会说话，不会交朋友。

Q：看你小时候的照片能够感觉到，相由心生。

A：很多时候我总是走来走去嘛，没那么多朋友。好多朋友跟别人在一起都玩熟了，我突然间转学进来。这种情况经常性发生的话，你就会发现有时候你挺孤独的。所以有一段时间我就开始看那些书，发现有很大的帮助，帮自己调整心态。

Q：我觉得你现在心态挺好。

A：对，心态也是需要慢慢来调整，让时间去慢慢沉淀。实在不行，就保持做一个乐观的人。

Q：你可以用这些能量去帮助你的粉丝们。

A：对，我最大的希望就是给支持我的朋友传递正能量。

Q：所以可以说你是一个成功被鸡汤洗脑过的人吗？

A：可以这么说吧，是被鸡汤补过的人。

摄影 / 韦来；图片提供 /《时装男士》杂志

孙俪

够了，可以了。

That's enough!

"

我知道人有时候越让自己往上走，

就越辛苦，

所以会去平衡，

不让自己的生活太累。

我经常会提醒自己，

够了，

可以了。

"

1

若不是孙俪一头利落的短发留了多年，"标志性"地帮助大家回到当今时空来，恐怕不知道有多少喜爱她的观众会漫游在剧情的时空隧道中不亦乐乎。孙俪在宣传《恶棍天使》时不遗余力，和邓超兵分两路，挑起大旗，标志性的短发搭配各种靓衫，即便日程满档依旧神采奕奕。虽不见"娘娘"的威严架势，也依旧是一副快人快语利落性子的做派。上通告时，又带着浓浓的母性关怀，她笑谈那是自己"做了妈以后有一颗妈妈心，对谁都像对自己孩子"。

分不清了，到底是"娘娘"还是"天使"？到底是清朝人还是楚国人？到底是嬛嬛还是月儿？到底是心机重重还是情商为零？

一部《甄嬛传》，让全国人民都一口一句文言文，那扫盲效果果真是极好的！电视台不厌其烦地轮播，大家吃饭时候看，喝茶时候看，睡觉之前看，打麻将时也当背景音听着。两口子吵架的时候电视里的甄嬛正哭得死去活来，小孩子一边做着作业，也一边能随口来两句"逆风如解意，容易莫摧残"。一部宫斗剧，足足播了四年多，还有人不断在回看。

大概是前一部戏播得太凶猛，民众也跟着入戏太深，让《芈月传》受了些许连累，口碑一时好一时坏。面对此种情况，孙俪很有信心："这部戏，和《甄嬛传》是完全不同的两部戏，我希望等全部的戏都播完了，大家再做定论，任何断章取义都有可能是不公平的。"

当大家还沉浸在是支持"甄嬛"还是"芈月"的大讨论中不能自已时，查小刀这个造型凌乱、高智商低情商的愣头女在《恶棍天使》中横空出世，龇着大板牙夺下了各大媒体版面，并于上映首日斩获过亿票房。

所以，整个过程都只有"孙俪在PK孙俪"，最后也只有"孙俪打败了孙俪"。

2

　　没错，查小刀这个凌乱学霸在学业领域风生水起，在更广阔的现实中却屡屡"碰壁"。这和孙俪本人差不多。

　　有以下"罪状"可证明——

　　孙俪不太会用手机！不是不会拍照发微博，而是不知道如何将照片导入电脑里，她的解决之道就是——内存满了，再买一部新的！

　　孙俪不用 iPad，也没有手提电脑，至今她都不知道自己的 iPad 去了哪里。当然，即便 iPad 在手，她也玩不转。她的解决之道是——我有助手！

　　孙俪不拍戏的日子，晚上九十点就睡觉，早上七点起床。她的说辞是——我的身体会在某一个时刻警告我，该休息了。

　　……

　　可见，孙俪果真是"古人命"，玩的都是"非现代"

的东西，比如学佛，比如练瑜伽，比如带孩子，在平安夜熬着黑眼圈给儿子等等准备"圣诞老人会送来的礼物"……

有时候想想，现代人若是真的脱离了现代科技手段，到底还能不能愉快地生活下去？倘若剥去层层外部支撑，身而为人的个体究竟还剩下些什么内核？

真到那时，孙俪这个"古人"估计会比"科技狗"们要活得潇洒得多吧。

3

这几年，《甄嬛传》一直在播着，大家觉着孙俪根本没走出自己的视线，她却把一件一件的"大事儿"都完成了。一双可爱儿女，几部漂亮作品，若干优秀奖项，也顺便把邓超的生活打理得顺顺溜溜，齐活儿！荧屏上的娘娘宫斗胜出，现实中的孙俪收获满满，借用金星的话，那就是"完美"。

与她同在《芈月传》中飙戏的演员都说，孙俪真是一个好演员，在现场与她搭戏压力很大，她背台词很厉害，基本一遍过。

我也同样夸了孙俪一遍，可是她却轻描淡写地说："我觉得台词背得好并不值得炫耀、骄傲，作为演员，基本功就是要扎实，如果连台词都背不下来的话我觉得那太差劲了。"

方中信说，在《芈月传》的剧组里，基本是和"其他妃嫔"打成一片，和孙俪单独相处的机会不多，因为"她一直将自己沉浸在角色里，时刻钻研"。

原来，聪慧如孙俪，也是花尽了心思来演戏，认真对待每一个角色和每一次机会，不放过任何细节。有人说，甄嬛与芈月，除了身世，其实很像嘛。但仔细辨认就会发现，孙俪在这两个角色上做足了许多功夫，甄嬛隐忍、心机重重，而芈月则更大度、善良、包容，这在人物的一言一行中均有体现。郑晓龙导演亦夸赞孙俪在《芈月传》中的表现更加成熟、完美。

4

　　孙俪在专业方面是个"较真"的人，即便是在老公邓超的剧组里，她眼里也"容不得沙子"。光是在接到戏约时要求自己的文学统筹审剧本这件事，还不够"狠"，在电影《恶棍天使》的创作过程中，两口子之间也发生过小但涉及原则的摩擦——

　　"有一次争辩让我记忆犹新，其实是特别小的一件事情，就因为他是一个导演的视角，而我是一个演员的视角。有一场戏他距离我挺远的，剧本上写要让我知道他在吃安眠药，但一开始剧组给他准备了特别小的一个药瓶，我说我离你那么远，根本看不清那个瓶子是安眠药。然后他就说了许多遍：'哎，这个只可意会。'我说不行，我必须眼睛得看到，要不我后面的台词就没办法接下去。他跟我讲镜头可以看到，观众一定能知道他吃的是安眠药。我说但是我看不到，我看不到就代表观众看不到……我们就在那掰扯了很久很久，后来他终于妥协了，换了个特别大的瓶子，还把'安眠药'三个字粘在了瓶子上。"

另外，邓超是一个"创作狂人"，一工作起来就不要命，常常是拍得不亦乐乎，忘了放饭。孙俪在剧组也算是给工作人员们"出了口气"，看到下午 2 点还不吃午饭，她就跟邓超急。果真是当了妈的人，会疼人："很多工作人员早上六七点就要起床，七点多吃的早饭，人都有自然规律嘛，到下午两点，还是夏天，不吃饭，万一低血糖什么的不能工作，多影响人的身体啊。"

　　"而且我还跟邓超说得特别清楚，我必须要有充足的睡眠，超过 14 个小时的工作量我就会头痛或者浑身发凉。剧组其他人也是，不能不让人家睡觉。"看来，要想让剧组人员过得舒坦，以后都得找娘娘来坐镇才行。

　　但在生活中，她就不可能跟邓超太较真了。粉丝们都知道，邓超是一个生活自理能力特别差的人，还有选择恐惧症，所以，别看娘娘在荧幕上风光，人前人后都有一群人伺候着，现实生活里头还真是操心得很。

　　虽然微博上经常犯贱，"得罪"娘娘，不过邓超他嘴甜，人也浪漫，娘娘不开心，他会哄；娘娘开心，他能哄得更乐呵。新电影还没上映，他就以一曲《娘娘我错了》表忠心，真真让全国人民都看出谁才是"国民好老公"。当然，MV 里也是将娘娘的千古形象给"玩坏"得一塌糊涂。

闹归闹，他们在家里时很像知己，会跟对方聊理想，知道对方想做什么，并且会适时地互相鼓励。当孙俪感觉特别累、气馁的时候，说"哎呀，我不想干了"，邓超会说"不行，你还是得要有自己的事业。小孩总是会长大，等他们长大有了自己的生活，我们就要开始环球旅游了"。

他们之间有一个"挤牙膏"的细节，也令我很感动。因为两人工作的缘故，作息时间经常对不上，因此，谁先回家，就为对方把牙膏提前挤好。这个小举动，就代表了一句"晚安"。这个画面光是想想就觉得好暖心。

Q：你跟邓超要片酬吗？

A：当然要了！

Q：高吗，还是正常？

A：属于我的片酬，就不高也不低。

Q：不是意思意思？

A：不是意思意思。我也是在工作，我也付出了劳动，再说钱也不是他一个人投的。如果是他一个人做的，我可以理解，稍微便宜一点，但也不能不要，我得要证明自己的价值啊。我也是有价值的。

Q：他再邀请你拍戏，你还会接吗？

A：那我得看他的剧本写得好不好。

Q：你觉得自己算是聪明人吗？

A：还可以吧，肯定不是笨人。

Q：那算是智慧女性吗？

A：也不算特别（智慧）吧。因为我没有太高的追求，我知道人有时候越让自己往上走，就越辛苦，所以会去平衡，不让自己的生活太累。我经常会提醒自己，够了，可以了。

Q： 那你属于现代女性还是传统女性？

A： 我觉得我现代传统兼有。

Q： 有很前卫的一部分思想吗？

A： 我有自己的生活规则，有自己生活的顺序，而且我是"古人"啊。现在说自己是古人其实就是前卫吧。

Q： 关于"务实"又是怎么一回事呢？

A： 我曾经做过一个闻香，就是闻精油的测试，所有测试出来的性格都是特别的务实，从来没有那种特别虚无缥缈的形容。测试师让我闻一个味道，然后告诉他闻起来像什么、感觉到了什么，其他人说的都特天马行空，一会儿是看到了蓝天，一会儿是感觉自己可以行走在大海上，或者是看到一片大雪地，或者在一个大红屋子里待着……然后等我说出来，全都是闻到了鸡屎的味道、闻到了铁锈的味道，或者闻到了香皂的味道（笑），全都是这种，就特别务实的那种，我觉得这是骨子里带来的。

Q：那你觉得自己最聪明的部分是什么？最笨的部分又是什么？

A：聪明的部分，我很敏感，而且我有第六感。一部戏拍出来，好还是不好，我瞬间能感觉得到，都还挺准。为了不让大家误会自己是马后炮，每次在这个戏上映之前或拍完之后我就会跟经纪人说，跟我的文学统筹说，也会跟邓超去说我对这部戏的感受。

笨的部分，我做事情有很多规矩。比如说我进一个剧组，我要先做什么再做什么，有很多对自己的规章制度，而且这些我必须得做完，如果没有做我就觉得自己好像没有努力。有这样的一个规矩给自己。

Q：如果人的性格是一部计算机，可以按照自己的喜好去装程序的话，你觉得自己想往里边装什么新程序？

A：没有，现在这样挺好。我前段时间去检查身体，检查结果显示，某些很细小的指标没达标，我就跟医生说那赶快给我补啊，多补点。医生说这急不来，你必须得适量。补多了，别的东西又不对了。补对了是互相帮助，补不对它还互克，这个是一样的道理。如果说一个人的性格中缺乏圆滑的部分，他就去增加了圆滑，就可能少了创造力和自己的坚定。

Q：现在每天的日常安排大致是怎样的？

A：最近生活很乱，每天要半夜一点多才睡觉。平时如果不工作的话，我差不多九点半十点就休息了，早上七点多起床，因为儿子会把我叫醒。起床以后陪他们吃个早饭，然后我们家妹妹去早教，玩一会儿。如果没有事情我会陪她一起去，有时候我就会去锻炼，去运动一下，然后在家看看剧本，看看书，就过得相对很安静。吃得也会非常非常简单，让自己变成一个很"素"的状态——不是吃素，就是很干净的一个状态。

Q：粉丝都很关心，嘴唇下面的痣是怎么回事？

A：它就是一颗痣。以前是个黑点，也没凸出来，后来就长大了。很多朋友说长大不好，但是我让医生看过，说没问题，就一直这样了。也没有像大家说的越来越大。其实我不笑的时候或低着头的时候，别人是看不见的。

Q：还有就是这么多年为什么一直短发？

A：我觉得挺舒服的。

Q：你接下来想挑战什么角色？

A：我最近看到的剧本基本上是现代戏，没有古装戏。我拍完《芈月传》，又接到一个也是年龄跨度很大的本子，但是我连看都没看，就有点想吐了。

Q：好像你在网上不太发一些"心灵鸡汤"。

A：朋友圈谁发心灵鸡汤，我就把他给屏蔽了。

Q：你是"反鸡汤"的人？

A：我觉得很多人是站着说话不腰疼。现在我都不太愿意给人建议、去打扰人家，我觉得给别人太多建议是一种打扰。因为你给的建议只是你的人生轨迹中的一些想法，不是真理，他的人生轨迹和你不一样，你又不了解，随便说话是会打扰别人的。

Q：其实这也是有"因果"在里面的，我觉得，就你打扰了一个世界的平衡。

A：我现在发现其实很多人在意我们（演员）说的话。就像一个喜欢我跟邓超的朋友，他的孩子有忧郁症，就想让我们两个写一些鼓励的话给孩子。其实对我们来讲，我觉得不可思议，我觉得父母都管不好，我们怎么可能会管得好？但一封信真的会对他有帮助，所以我会觉得我们说的每一句话其实真的挺重要的，所以不要瞎给人建议，真的。

摄影 / 孙郡；图片提供 /《时装男士》杂志

袁泉

时间会安排好一切

Time arranges all well

"

人一定是需要孤独的。

"

1

"树林中有两条路，而我选了那条较少人走的路，这就造成了所有人的差异。"

这是袁泉在首张个人专辑《孤独的花朵》中的一段独白。
真好，她这样一如既往、表里如一地好。
绝世独立，倔强坚持。

也有人说有点可惜，她本该大红大紫，红到连天上的云朵、地上的花朵都羡慕不已。可惜她太过低调了，错过了很多好时机。

其实，这一切关于她的评价，因她而起，却又与她无关，因为她是袁泉，她是一株有根的植物，是喜欢与这个世界保持距离的"孤独者"。

2

袁泉自称是个喜欢回忆的人，谈到 11 岁以前，袁泉觉得可以用"太完美"来形容。

1976 年 10 月，袁泉出生在湖北荆州，妈妈是小学老师，爸爸是当时体委的乒乓球教练，袁泉还有个姐姐，四口之家十分幸福。这个小家庭的气氛永远是民主、快乐的。

"小的时候我们家经济条件并不是非常富裕，但是父母给我和姐姐的空间挺大的，生活特别丰富。我记得小时候到了周末，爸爸会和当时特别要好的三个同事带着家人孩子一起去公园里野餐，我妈会带一块大塑料布和毯子，还有很多吃的。当年的物质生活很贫乏，不容易吃到肉，凤爪是最便宜的，我妈就自己做卤凤爪、卤牛肉。"

3

11岁，中国戏曲学院附中在湖北招生，她幸运地成为年龄最小的学员，只身前往北京求学。

孤身在外的人总是会获得比常人更易早熟的机会。长期远离父母，大多数时间只有书信沟通，所有的事只能自己做主、解决。加上袁泉比同班的孩子要小上两三岁，彼此之间的沟通并不顺畅。敏感的少女渐渐学会了报喜不报忧，将所有的不快与孤独藏在心里。

每次放假回家，袁泉最怕的就是返校前收拾行李的过程，甚至留下了收拾行李恐惧症。看着爸妈用塑料布把几大包行李封好，把剥好的核桃、做好的牛肉放到罐子里封好，她提前一个星期就会感到紧张。最初的两年里，她总是惧怕回到那个要坐七个小时长途车还要倒一趟十几个小时火车才能到达的地方。

"当时不懂得如何去表达，又知道自己必须去上这个学，所以慢慢地就更加不情愿去表达。那么小就已经知道，不能当着父母的面哭。有的时候我爸送，有时我妈送，总会有一个人在车窗外面看着你，等着车开。每次我都早早地就上了车，假装整理行李，或者看别的地儿，根本不能看窗外的人。直到车开了，赶紧回过头来挥挥手。一定要假装若无其事，不能让他们看到自己的脆弱。"

4

14 岁，找到一种独处的方式，那便是读书。

"13 岁时放假回家，我妈给我买了很多名著，像《红与黑》《白痴》《傲慢与偏见》《漂亮朋友》等。我第一本抽的就是《傲慢与偏见》。看那本书可以说享受得不得了。当然那时候也看了《简·爱》，简·爱精神简直成了我的人生航向标。在那样一个等级森严的社会，简·爱对自由、平等的向往，能够让你看到心灵的力量有多大。而且我发现自己对英国人特有的表达方式享受其中。很多人可能会觉得，真麻烦，说一个事怎么就不说这个事，就要绕着弯子去说？而我恰恰觉得这是一种趣味。"

5

17 岁，戏校快毕业的时候，第一次喜欢上一个男孩，期待发生一次恋爱。

那个男孩在班里还挺优秀的，她也能感觉到他挺喜欢自己。他们经常会在一块儿练舞，还单独出去吃过饭，当然不是恋爱性质的。因为毫无恋爱经验，连手都没牵过。结果后来当她自己觉得马上就要发生什么事情的时候，他突然跟另外一个女孩好了……

6

后来她去上了"中戏"。

中戏 96 明星班的同学们，在成名之前似乎都经历了"郁闷"的低潮期。章子怡一度想退学；刘烨边绕着后海跑步边哭；袁泉则是跑到学校附近的安定门桥上去哭，冲着狂奔的车流吼上几嗓子，梳理完情绪再若无其事地回学校排练。

幸运的是，袁泉用自己的专业成绩及时找到了自信。有同学戏称，袁泉的专业课门门名列前茅，是当时的"标准"，谁要是能够和袁泉搭档排演作业，就意味着能在期末汇报演出时有表演的机会，并且取得好成绩。袁泉在专业方面的确用心，她甚至会花一个月的时间去排练《玻璃动物园》。"其实那个时候，自己心里挺有谱的，就是我想要好好排这个东西。"

7

1998 年 3 月，导演滕文骥的太太翁路铭在中戏黑匣子观看了 96 班的汇报演出，对袁泉的印象颇为深刻，便留下联络方式说日后联络。这便是袁泉与《春天的狂想》的最初邂逅。

"定我的时候其实是有点让我意外的，一起面试的还有电影学院的另外两个学生，和滕文骥导演在一起的还有冯小刚导演等好多人，我当时也没多想，有一搭无一搭地回答了导演很多问题。结果快结束时滕文骥导演就跟我说，基本就定你了。然后我骑着自行车回学校，一路上就骑得特别慢，就在理这个事，这个事怎么就这样了呢？又过了两天，《春天的狂想》的制片主任就跟学校来'借人'了，让我去学京韵大鼓。学了一个多月的大鼓，戏在6月底开机。这个事就莫名其妙地成了。"

《春天的狂想》让她摘得了人生中第一座表演奖杯——金鸡奖最佳女配角奖。

8

2005年，袁泉出演了话剧《琥珀》。

"小优"直触她的心灵："一直以来她像影子一样扎在我心里，分量从来没有减轻。每次演出中的成长和积淀，都会有一些新鲜的东西，我对角色的感受更深，传递出来的情感也会更深"。

这是一个痛苦与喜悦、残酷与美丽并存的凄美爱情故事，她曾经这样形容这部话剧：

"它是用最残酷的语言跟方式来表达最温暖的东西，大家好像总是非要被折腾得精疲力竭以后才能明白，原来我们心里要的这个东西其实是最最简单的。"

9

电影给了袁泉被观众熟知、认可的机会，而舞台则真正成就了现在的她。作为入选中国话剧百年名人堂最年轻的一位演员，袁泉的心态显得恭敬而谦卑："我还不够，远远不够。但我明白这个用意，它是一种鼓励。"

从毕业大戏《梁祝》到第一部大舞台作品《狂飙》，到后来的《琥珀》《暗恋桃花源》《电影之歌》，再到《简·爱》《活着》和《青蛇》，袁泉深深扎根于舞台，并在每一个阶段都绽放出自己独特的光芒。

《暗恋桃花源》的制作人袁鸿说，袁泉是那种让人放心的演员，"看到她在舞台上或者在身边，就真的让人很安宁、很放心、很平和。做话剧遇到这样的女演员真的很放心，就觉得让这样的女演员在台上放光彩，你在幕后付出再多都是值得的"。

导演赖声川评价她是"半个世纪以来继林青霞之后最有气质的女演员",而孟京辉则形容她同时具有黑猫的安静气质与鹰的爆发力,说她是层次很丰富的演员,陈坤称赞她是位"天才般的女演员",《简·爱》的导演王晓鹰更是掩饰不住心中之溢美:"她就是简·爱!"

2013 年,袁泉凭借在《简·爱》中的表演获得了"梅花奖",这是中国戏剧表演艺术的最高奖项。

10

关于唱歌,袁泉其实全无野心。

但其实,她唱得那么好,好到让我不知该如何形容。

她的好友,造型师陈非曾说:"两张唱片还远远不能体现出袁泉的实力,她太会唱了!"

当年的《孤独的花朵》和 Short Stay 为她摘得了"最佳女歌手"以及"年度金曲"的奖项,低调的她一下子成了颁奖礼和时尚活动的常客,宣传通告也随之多了起来。对于其他歌手来说,这些"应接不暇"的通告实在是多多益善,但对于袁泉来说,这些艺术创作以外的部分,是带来名誉光环的途径,也是枷锁,她并不喜欢这种被作为"艺人"去包装的工作形式。

她还是喜欢人们称她为演员或歌手,而非"艺人"。

所以姚谦曾开玩笑说:"我们公司什么样的艺人都有,但像袁泉这种,不想红的,却是世间少有。"

11

袁泉与夏雨的爱情故事一直像个谜。他们很少向外界秀恩爱。

对于袁泉来说,爱情是私有的,不需要和太多人分享细节。

11 年的爱情长跑之后，终于修成正果。

这期间，他们的爱情也经历了低潮和考验，两人一度传出分手的消息，但好在有情人终成眷属。2010 年，他们的女儿夏哈哈出生。

有了孩子的袁泉，少了学生时代的坚硬、《琥珀》时期的挣扎，在她的脸上你能感受到的更多的是平静与包容。孩子就像天使，带给你所不能预见的变化。

和夏雨之间的感情，年头越多感触越深。"这种感觉是介于最简单和最复杂之间，有时候是两个极端的那种。我常常觉得，爱是需要以各种方式存在和表达的。人这一辈子或许并不会是谁的唯一，但是有时你做出了选择，就要对这份感情、对自己的选择负责任。"

12

　　袁泉是优雅的，她的优雅，不是如奥黛丽·赫本般的皇家贵族式的优雅，也不是像巩俐那种女人味十足的优雅；尽管已经为人妻母，在袁泉的身上，却始终保有一种少女的情怀，那种透亮的美好，就像一颗钻石，把它举到阳光下面，便能够看到斑斓五彩，并不炫目，也不夸张，它的质地是干净的、通透的，让你想捧在手心里仔细端详，放在心里好好珍藏。

　　这大概和她一直怀有"相信"有关。在这个世界上，爱与不爱、人与人之间的热络与否、社会各个层面的风云际会，全都比不过一句"相信"来得更为难能可贵。如果你相信，一些东西就真的存在；如果你相信，生活就会变得更加美好。

　　Q：人家都说你很聪明，但是这么看起来挺笨的。

　　A：我就是挺笨的，我的聪明只是代表我的沉默。

Q：没有企图心当然也是不对的。

A：我当然是有企图心的，我为什么这么执着于话剧？我当然是想要有我自己的位置。我就觉得人在一生当中找准自己的位置是一件非常重要的事，并不是所有人都要站在一个很高的位置，但是你要找准一个适合你的位置。

Q：高的那个不一定是你的，也不一定是好的。

A：对，不一定是你的，万众瞩目的那个可能不是你。

Q：我想如果你是一个每天出现在头版头条的人，生活一定会一团糟的吧？

A：这种生活是我招架不了的，我也不会遇到那样的生活。

Q：那都想开了，想清楚了？

A：也没有祈求过那样的生活，在自己的一个位置上，做你自己想做的事，这就是一个最合适的状态。

Q：那"梅花奖"对你来说是什么呢？

A：感谢。它是一种肯定，但我没觉得得奖这件事代表了什么，我也没有觉得我把《简·爱》从作品的角度来讲演成什么样了，我反倒觉得《简·爱》是我的轻车熟路，而《活着》对我来说是另外一种质感的变化。我很感谢《简·爱》，因为我那么合适，我真觉得我很合适，所以整个排练过程，我觉得我在《简·爱》这儿从来没有拧巴过，从来没较过劲，因为一切路都是通的。所以《简·爱》是我愿意一直演下去的。

Q：很多人说你很文艺。

A：我到现在都搞不清楚究竟什么是文艺青年。说自己是文艺工作者倒是真的。如果非要往文艺上靠，爱看文艺片，着迷于事物的细节算不算？

Q：你其实执导过一部电影短片……

A：对，2007年，《如果没有你》，片中的主人公原型是已故时装设计师樊其辉先生。片长只有十来分钟。

樊其辉有非常独特的看待人生的态度，不管这种态度对于平常生活的人和我们所受的教育来说，是否积极。那种态度能够帮我找到一个跟生活保持距离的方式。

Q：你和朋友们的关系怎么样？

A：朋友不用多，但不可缺少。我看重的是，共同的精神世界、独特的交流方式，而不是朝夕相处。在某种意义上，他们都"生活在别处"。

Q：你会感到孤独吗？

A：对于内心有所需的人而言，孤独尤为重要。

人一定是需要孤独的。

Q：你好像说过你是一个悲观主义者。

A：我是一个悲观主义者。但这并不代表我不会积极地生活、工作。相反，我会用更为积极的态度面对一切。

Q：怎么理解"红"？我总觉得你似乎应该更"红"。

A：凡事不可强求。上天赐给你天分、赏给你机会、奖给你荣誉，又让你遇见爱与幸福，你还能再期许什么呢？
在每个阶段，做那个阶段应该做的事情。
时间会安排好一切。

Q：有什么好的经验可以分享？

A：专注，专注是一件特别好的事，心无旁骛，你就能得到。

就像一壶酒，
那么辣，
又那么美

当一个人足够专注的时候，他是最具有力量的

掐指一算，我正式做自由撰稿人已经是第七个年头。2010 年夏天，第一次采写时尚杂志的封面故事，就是为《时装 L'OFFICIEL》采姚晨。那会儿，她是微博女王。

这个起点很高，国际版权杂志，封面，女王，除了我以外，团队中的所有人——摄影师、造型师以及编辑都是大腕级的人物。

上天眷顾我，因此我格外用心。那会儿家里没有打印机，我端端正正手写了满满四页纸的采访提纲——这是编辑和我提前沟通了多日、推翻了几个版本之后的精华版。（我至今都感谢当时的编辑王韶辉先生和文字统筹陈于薇女士，以及介绍人、我的老同事刘恋女士。）

经纪人、宣传以及姚晨本人见了，都很感动，她夸我字写得好，准备功夫做得足，还多夸了一句"好花生的撰稿人"。我问"花生"是什么意思，她解释说就是Fashion的意思啊！大家就都笑了起来。

也许是因为这句玩笑话，也许是因为她被我打动之后的笑容足够亲切，我开始不紧张了。

从此以后，我见到再大的"腕儿"都没真的紧张过。不是我心态够好，也不是目空一切，而是我学会了专注。

专注使我忘记了其他，只在意工作本身。

当一个人足够专注的时候，他是最具有力量的。

这份专注，补充了我在阅历以及表达方面的不足，即便并不是每一次采访都表现优秀，也不是每一篇文字都值得夸赞，人家看到我这份认真与专注，也会多给几分情面，多一些体谅大度。

这一篇写姚晨的采访，我发在了博客里，之后被新浪的编辑放到了新浪网首页，得到了七万多的点击率。这让我在兴奋之余，对撰稿人这个身份多了一份信心。

审视自己，然后建立真正的自信

在采访姚晨之前，我写的都是些不成器的豆腐块，偶尔发表在我早已刻意忘掉名字的报刊中。

我对写字是有一定追求的。但我当然还不够好。

我以前所受过的采访及写作训练，是学院派的、电视栏目范儿的，难免有些刻板迂腐。幸好以前学主持人专业的底子帮了很大的忙，教会我如何作准备，如何让采访更具备现场感，如何与人交流，如何察言观色。加上我自己的对话风格基本较为亲切、诚恳，愿意聊一些内心的东西，大多数人对我还算不错。

并非要夸耀自己，其实这一点是我在观摩了别的撰稿人的采访之后才领悟到的。

有一次，我去探一个明星朋友的班，顺便在化妆间里"学习"了一下。以前我只知道有一些我的采访对象很喜欢和我的对话，我并没有去深究原因，这一次，听到了某位糟糕的撰稿人采访的全过程，他那些毫无准备而"愚蠢"的问题把好脾气的朋友给惹得几乎快要发飙。我在一旁如坐针毡，替他着急。

我突然意识到：自己是否也有类似这样的问题？每次采访的准备工作是否都充分？每次面对采访对象是否足够真诚和对等？写稿时候的心态是否正确？于是赶紧自省一番，看看自己是否也如那位"糟糕的撰稿人"一样不争气。

审视自己好一阵，又询问了很多人之后，我的自信才真正建立起来。

原来，我还成。

于是有了更多次的采访经历，见到了许多传说中的大人物。

大人物不好做，他们也是人

他们一个个鲜活靓丽，光彩照人，要么是话题界的泰斗，要么是文艺青年的大神，要么风趣幽默，要么冷艳高贵，要么善于沟通，要么惜字如金，要么大摆腔调，要么亲民如己……

这些人，无论是明星、名人还是艺术家、IT 精英，他们所带给我的印象，都绝对深刻。

很早的时候，我在电视台上班，去片场采访宋丹丹。这个腕儿太大，缺乏经验也没见过什么世面的我实在感到紧张，录像之前去了好几趟厕所。

影棚里过于明亮的灯光使我眩晕。等了两个钟头，摄像机开始工作的红灯一闪，我大脑却空白一片。丹丹老师大气地说，哎呀没关系，别紧张。然后我磕磕巴巴地进入了角色。虽然采访最终完成得还不错，这事儿却让我一个星期都没能抬起头来——除了摄像，没其他人知道这事儿，可我就是抬不起头来。一来我觉得自己给节目组丢人，二来我可是在这么大一腕儿面前掉链子，对人家也是不够尊重，第三我深知掉链子的原因都在于准备工作不充分。只好从此以后对自己再狠一点。

采访李冰冰那次，也是绝对的印象深刻。

不光因为那天是我的生日，也不光因为那天的天气实在太好了，主要是因为，面前的这位清瘦而疲惫的影后，着实让我心疼。她身上多处带伤，"多年患病的颈椎是好不了了"，面前的饭盒里装的都是素得不能再素的食物，旁边的一大盘药盒里塞满了花花绿绿的维生素……因此我在文中写道："明星就像一条鱼，冷暖自知。没有人比他们更懂得付出的代价有多么昂贵。"

这些年，我采访、合作了许多明星、名人、艺术家、设计师、造型师、经纪人、企业家以及媒体人，他们大多带着光环走向我，而我偏偏要去看他们光环背后的平凡。

随着我做的采访越来越多，也越来越顺、越来越"职业化"之后，我发现，那些大人物们，无论哪一个，只要是采访，他们也许比我还紧张。被问的永远比问话的要更加在意。当我提问时，他们的脑子一定转得飞快，生怕说错一个字，表错一个意。而大人物身边的工作人员更是紧张，生怕我问错一个问题，把采访对象"带沟里"，或者采访对象一个不留神就露了"原形"，遇到脑子不好使的，还恐怕 TA 说太多，脱离了原本练习多次的"提纲"。

于是我明白，没有什么人是真正高高在上的，即便是天皇老子，他也日夜担惊受怕，因为龙椅不好坐。

明星、名人也不好做，他们也是人。褪去光环，他们在生活中和我们没什么两样，也许还不如普通人，他们也许不懂烧菜，不懂熨衣，不懂用电器，不懂用网银，甚至不懂如何在 ATM 机上取款……也许有些人没怎么上过学，平日里也甚少读书，工作量常常超出负荷却仍要强颜欢笑……

我只需要挖掘他们相对真实的一面就好，当然，如果是采访明星，就要做好一种"接受他们所给予的'真实'"的思想准备，一般来讲，明星的"真实"总是掺杂了些许包装，就好比他们见人前总是要给脸蛋扑上厚厚的粉底，不愿那几颗沉淀的黑色素、几颗经年的痘印和几丝过早出现的皱纹曝光于世。这基本可以理解，甚至相当理解。

我明白，所以尽量不问得太犀利，也尽量尊重他们的隐私。即便遇到自己并不感冒的艺人，我也尽全力做到一个职业撰稿人的本分。

省时间一点地说，谁都不要为难谁，都是工作。

只不过，他们远远不能了解我的忧伤。

就像一壶酒，那么辣，又那么美

自由撰稿人的处境其实相当尴尬。

十年前，稿酬 300 元／千字，现如今大多数杂志仍是这个标准（有甚者千字 100、200 元）。物价飞涨的十年里，撰稿人的身价不涨，不涨便是降。而且 800 元起步、20% 的个税也是醉了。更不用说现如今很多人对待文字早已失去了原有的尊重。

虽然人人都知道撰稿人的稀缺与重要性，却并没有多少人真正为这一群体着想过。而且，采访过程中我们大多数时间还要自己出路费，起早、贪黑，受到 Dead Line 的一再摧残，并且在稿件成型后还要忍受许多不专业、不讲道理的合作方的逼迫，进行非必要的删改，把一些原本具有深度的访问变成娱乐通稿。不改，难以向媒体交代；改吧，对自己又有所亏欠。当然，大多数情况下是"无条件"地改了。这就是现状。在一些只顾给自己脸上贴金的明星面前，强势媒体也难免需要做足面子，更何况，整个行业都越来越像是一种"生意"。你懂的。

工作最密集的时候，一天出一篇稿，同一个下午采访两三个人也是有的。最快的一次约稿，是第二天一早采访，夜里才得到通知，结果第三天就要出稿。这明显是临时搬救兵。救场如救火。

但一些不靠谱的杂志也有让人头疼的时候。

杂志上市后，经常有媒体拖欠稿费，遇到糟糕的编辑，连基本查询都不帮你做，只能干等，等上一年半载是常有的事儿，甚至最终杂志倒闭不了了之这种事也不是没发生过。一些编辑也根本不会自觉反馈版面信息，有时撰稿人连一本实体杂志都得不到，还得自己上街去买，还落埋怨。

采访和写稿也是颇费心力的一件事。常常是，做完一个冗长的采访（大部分时间是在片场的漫长等待）之后，我仿佛被掏空一般，精疲力竭。

因此，轮到我做编辑时，我一定尽力照顾到合作的各方，不一定尽善尽美，但愿人家能够明白我的一番苦心。能够替撰稿人争取的利益，我也一定会努力争取。自己人不团结，就更说不过去了。

　　要谨记在撰稿人的前头还有两个字：自由。既要享受一定的自由，就要吃下常人得不到的苦头。

　　做撰稿人有时很痛，有时很过瘾。这就像一壶酒，喝下去那么辣，又那么美。

感谢的话

　　说起这本书的出版始末，就不得不提到我与"时装杂志社"的缘分。

　　最开始，韶辉主编还在女刊做副主编兼时装总监，我们的第一次碰面，也是在姚晨的拍摄现场、摄影师娟子的棚里。

　　从采访姚晨开始，我又继续为《时装》及《时装男士》陆续采写了一系列的明星、名人和艺术家。

　　后来，韶辉换到了《时装男士》担任执行主编。此时我采写的封面人物居多，某一段时间，除去超模和特殊情况，我竟然为《时装男士》采写了大部分的封面故事，以至于当我入职《时装男士》担任专题总监的时候，韶辉主编仍是希望我来执笔。

上班的第一天，我问主编，接下来的封面文字风格有什么打算，他淡淡地说，就按照你以前的风格走就行了，其实你以前写的那些稿子，之所以我没有提出过什么修改意见，就是因为你的风格就已经是我们的风格了！

我心头一热。我只是在尽心采写，没有想过其他的，也总是觉得会更好才对。但努力总是会有回报，主编的一句肯定给我吃了一颗定心丸。

这些年里，韶辉主编在写作和做专题策划方面给了我太多空间和信任。虽然性格大不相同，我却笃信，在我们的骨子里，有那么一部分的东西是相通的。

这份信任与相通，是人与人之间最可贵的部分。

时间过得好快，此时韶辉已经是《时装男士》的执行出版人兼执行主编，而我在任职专题总监的一年里，带着团队做了几个大专题，从畅销书、民谣、诗歌节做到音乐剧话题，采访、拍摄了很多我感兴趣的文化艺术界大咖，也帮杂志社做了些活动。可以说，这是相当浓缩的一年，很忙碌，很充实，很辛苦，也很感恩。当然，也很过瘾。

去年夏天，我辞职、搬家到了上海，不得不说，做出这个决定时心情是很矛盾的。当然很舍不得。

但我心里清楚，我与"时装"的缘分仍将继续。

年底，编辑偶然提议要将采访结集出版，并获得了"时装杂志社"的大力支持。当我说出这个策划时，韶辉主编一口答应下来；社长赵跃红赵老板和《时装》的何月茉主编也在第一时间首肯；原来的同事们也都毫不犹豫地鼎力相助。这一切，使我在上海度过的第一个、据说是 35 年来最冷的冬天有了更多温暖。

感谢的篇幅很长，都是真心的。排名不分先后——

特别鸣谢

赵跃红、王韶辉、何月茉

《时装男士 L'OFFICIEL HOMMES》杂志、《时装 L'OFFICIEL》杂志

文字作序鸣谢

王韶辉

推荐鸣谢

袁泉、张亮、张亚东

合作杂志鸣谢

《Men's Uno 风度》杂志、《时尚新娘》杂志、《Ceci 姐妹》杂志、《瑞丽服饰美容》杂志，已停刊的《都市主妇》杂志、《风尚志》周刊及《MING 明日风尚》杂志

编辑鸣谢

寇博、高翀、张玉洁、沃涛、姚簏、张晶、陈于薇、姚瑶、刘晓光、贾媛媛、葛惠超、徐进、李皓、李小跳、Maple

程小飞人像摄影鸣谢

广大

协助鸣谢

张亚东工作室、梁砚、张可、徐芊、曼曼、若珩、奕雯、康小康、碧凌、吴野、乐乐等

感谢我以前的助理高悦，我两个可爱的妹妹兼助手、与我相濡以沫生活在北京的张程和 Fiona，曾那么辛苦地为我整理采访录音，你们都是我在灰暗日子里继续下去的动力。

感谢我妈，她是我的语文启蒙老师。

感谢我爸，以前我们俩经常吵架，但我每次的采访他都会认真看，然后去跟他的朋友们炫耀。

感谢所有教过我、给我鼓励的恩师们！

这本书不是我一个人完成的，每一页、每一个字都有你们的功劳！

倘若说这本书有任何的美好之处，我愿与你们分享。

图书在版编目（CIP）数据

我只想和你谈谈人生 / 程小飞著 . — 北京：北京联合
出版公司，2016.4

ISBN 978-7-5502-6822-7

Ⅰ . ①我… Ⅱ . ①程… Ⅲ . ①演员－访问记－中国－
现代 Ⅳ . ① K825.78

中国版本图书馆 CIP 数据核字（2016）第061436号

我只想和你谈谈人生

作　　者：程小飞

责任编辑：崔保华

特约编辑：黄川川

北京联合出版公司出版

（北京市西城区德外大街 83 号楼 9 层　100088）

北京旭丰源印刷技术有限公司印刷　新华书店经销

字数：179 千字　880mm×1230mm　1/32　印张：10

2016 年 6 月第 1 版　2016 年 6 月第 1 次印刷

ISBN 978-7-5502-6822-7

定价：38.00 元